"MONOGATARI TO NIHONJIN NO KOKORO" KOREKUSHON
Ⅳ:SHINWA NO SHINRIGAKU: GENDAIJIN NO IKIKATA NO HINTO
by Hayao Kawai, edited by Toshio Kawai
© 2006，2016，2019 by Kawai Hayao Foundation
With commentary by Toji Kamata
Originally published in 2016 by Iwanami Shoten, publishers, Tokyo.

This simplified Chinese edition published 2022
by SDX Joint Publishing Co.Ltd, Beijing
by arrangement with Iwanami Shoten, publishers, Tokyo

物语与日本人的心灵

[日] 河合隼雄 著
河合俊雄 编
吴松梅 译

神话的心理学

SHINWA NO SHINRIGAKU: GENDAIJIN NO IKIKATA NO HINTO

三联书店

Simplified Chinese Copyright © 2022 by SDX Joint Publishing Company.
All Rights Reserved.
本作品简体中文版权由生活·读书·新知三联书店所有。
未经许可，不得翻印。

图书在版编目（CIP）数据

神话的心理学／（日）河合隼雄著；（日）河合俊雄编；吴松梅译．—北京：生活·读书·新知三联书店，2022.6
ISBN 978－7－108－07278－8

Ⅰ.①神… Ⅱ.①河…②河…③吴… Ⅲ.①神话－研究－世界 Ⅳ.①B932.1

中国版本图书馆CIP数据核字（2021）第193812号

特邀编辑	张艳华	
责任编辑	徐国强	
装帧设计	刘　洋	
责任校对	龚黔兰	
责任印制	卢　岳	
出版发行	生活·讀書·新知 三联书店	
	（北京市东城区美术馆东街22号 100010）	
网　　址	www.sdxjpc.com	
图　　字	01-2019-4092	
经　　销	新华书店	
印　　刷	河北鹏润印刷有限公司	
版　　次	2022年6月北京第1版	
	2022年6月北京第1次印刷	
开　　本	635毫米×965毫米 1/16 印张9.25	
字　　数	110千字	
印　　数	0,001-7,000册	
定　　价	39.00元	

（印装查询：01064002715；邮购查询：01084010542）

目 录

前　言　　1

第一章　不安与孤独的原因　　1
　一　与他者关联性的缺失　　1
　二　找到"我的树"　　3
　三　因"关系缺失病"而痛苦　　6
　四　人类无意识中的"神话生成机制"　　8
　五　任意妄为的神　　11
　六　内心深处的俄狄浦斯　　13
　七　迷失了答案的现代人　　15
　八　"驱动自己的并非人自身"　　17

第二章　万物伊始　　19
　一　意识产生之际　　19
　二　天地分离　　20

三　"光"的出现　　　　　　　　　　　23
　四　日本之始　　　　　　　　　　　　24
　五　新事物萌生之前　　　　　　　　　26
　六　创造的机缘　　　　　　　　　　　28
　七　"好奇"的代价　　　　　　　　　30
　八　得知秘密的"火神"　　　　　　　33
　九　最为重要的"死的现实"　　　　　35
　十　日本人的原罪　　　　　　　　　　38

第三章　"男与女"的深层　　　　　　　　41
　一　用二分法思考永恒的问题　　　　　41
　二　表明父性原理的决意　　　　　　　43
　三　女性使男性动心之处　　　　　　　45
　四　女性既是太阳，又能成为男性　　　46
　五　"性"无法被支配　　　　　　　　48
　六　天照大神的智慧　　　　　　　　　50
　七　炙热爱情的结局　　　　　　　　　52
　八　无缘的男女　　　　　　　　　　　54
　九　处女神的愤怒　　　　　　　　　　56
　十　"心"与"爱"相结合　　　　　　57

第四章　亲子间的纠葛　　　　　　　　　63
　一　打动童心的故事　　　　　　　　　63
　二　母女间牢固的一体感　　　　　　　65
　三　大女神受难　　　　　　　　　　　67

四 "父亲的女儿"之反省 69
  五 古代东方的智慧 71
  六 亲子相杀的背后 73
  七 母与子之间 76
  八 弃儿变成伟大的英雄 78
  九 等待"蛭子神"的回归 81

第五章 灵活的智慧 85
  一 欺骗与被骗 85
  二 展示不同的可能性 88
  三 素盏鸣尊的另外一面 90
  四 内心深处的恶作剧者出动 93
  五 动物所拥有的"先知智慧" 95
  六 "猫神"的作用 97
  七 熊之魂 100
  八 蛇只是恶人吗 103

第六章 潜意识中的真实 107
  一 解读英雄神话 107
  二 讨伐怪物与"弑父" 109
  三 "弑亲"话题的寓意 111
  四 结婚的寓意 113
  五 大国主命的婚姻 115
  六 "恶"之难题 117
  七 杀人的寓意 118

八	奸淫的后果	119
九	偷窃与自立	123
十	传达"真实"的谎言	125

解　说　重新发现"神话的智慧"　镰田东二　　129

"物语与日本人的心灵"系列刊行寄语　河合俊雄　　137

前　言

我们经常说战后六十年，其实即便不考虑战争的因素，在这半个多世纪中，人们的生活方式的确发生了翻天覆地的变化。

对比一下现在和五十年前的生活，就会发现这种变化是多么的巨大。在衣食住行等各方面，我们都在体验着过去难以想象的丰富与便利。

然而，这里还有一点很重要，即是否可以说现代人与过去的人相比变得"幸福"了很多呢？遗憾的是，尽管我们过着便利舒适的生活，但事实上周围又有那么多人在感叹自己的不幸。

展开报纸也会发现，除却天灾，因"人祸"而感到不幸的人不胜枚举。既有父母残杀了自己的孩子，又有孩子杀害了自己的父母。

过去，我们曾经认为犯罪是由经济上的贫困造成的。而如今，尽管早已脱离贫困，但经济富裕的人也会遭遇不幸，或者说甚至有些人正因为有钱才变得不幸。

物质的丰富会使人们变得幸福，这一命题建立在人们拥有与之相符的丰富心灵的基础上。在物质贫乏的时候，人们为了糊口已精疲力尽，没有余暇关注心灵的问题。但是，随着生活变得丰富，生活方式变得多样化，与之相应的精神的丰富与心灵的智慧变得愈加必要。

这里所说的"智慧"，并不等同于知识。无论收集多少数据，都不能解决父亲不知该如何与儿子相处的问题。有不少父母正是因为试图用金钱来解决一切，在孩子身上花费了过多的金钱反而更加失败。

要学习生活的智慧，我认为"神话"是很好的素材。可能有人会疑惑，神话之类的陈腐又不知所云，怎么能给现代人提供帮助呢？我想这是因为神话讲述了人类存在最根本的东西。

人为什么会降生在这个世上？这一问题是相当复杂的，而且，也有人试图用简单的原理或思考来解决一切问题。如持有"可以用金钱买到人心"之类看法的人并不罕见，但主张金钱是一切的人往往会失败。

如此一来，又会有一些人持完全相反的意见，声称金钱是无用的。但事情并不是那么简单的，事实上有些一本正经地主张"我既不需要地位也不需要金钱"的人，在得到了金钱或地位后，便旋即喜笑颜开。这，就是人类。

人类生活中充满矛盾的真实，是无法用原理或原则归纳的，但要表达这些真实，"故事"则是非常合适的形式。而在众多的"故事"中，以神话来回溯人类及其世界的起源，其中值得我们学习之处比比皆是。

但是，我觉得现代人并不擅长解读这些"故事"。随着科学技术的快速发展，人们制造出了种种便利的机器，操作这些机器时只要按照"操作指南"，就能达到预计的结果。但如果用这种心态来阅读神话，我想很难理解神话的内涵。

人类并非物体，更不是机器。忘记了这一根本问题，只是一味地依靠"How to"（如何做）一类的指南类书籍来决定如何生活，往往很难得到圆满的结果。

因此，解读"故事"需要全人类的合力参与。或者可以说，其实神话的解读因人而异。

在此我也仅仅是讲述我个人的解读，期待读者能够由此获得一些线索，从而发现自己的解读，决定如何生活下去。

读完本书我想大家会明白，神话所赋予人类的高深智慧，是不可估量的。

本书是解读神话的入门书，聚焦于对人类心灵的理解。对本书感兴趣的诸位读者读完之后，若能进而去挑战一下自己，对世界各地的神话展开思考，做出解读，我将感到十分荣幸。

本书的部分内容曾以《诸神处方笺》为题，连载于新潮社发行的季刊《思考者》2002年夏季号至2005年春季号上。值此成书之际，更名为《神话的心理学》，重新组织，添笔润色。

本书出版之际，承蒙大和书房第二编辑局的古屋信吾、猪俣久子两位的大力帮助，在此表示诚挚的感谢。

另外，特别对在连载中曾对我提供大量帮助、此次又同意出版本书的新潮社之诸位编辑，表达衷心的感谢。

河合隼雄

第一章
不安与孤独的原因

一　与他者关联性的缺失

最近，令人们陷入不安的案件不断发生。有案犯在超市购物时，拿菜刀砍向婴儿头部，致使婴儿死亡，还有案犯潜入学校杀害教师。

在这一系列案件中，最让人难以接受之处便是加害者的犯罪动机不明。如此一来，对于应当如何应对此类突发性案件，便难以给出解答。类似的案件，还有小学生杀害自己的同学。

此类案件发生后，人们会骤然感到不安。

人们会担心自己的孩子不安全。我曾接到很多这类咨询电话，其中竟然有人担心自己的孩子会变成加害者，这令我十分吃惊。

即人们会担心自己的孩子会去做一些坏事。

过去，父母们总是无比相信自己的孩子，认为"我家的孩子"绝不会做坏事，这种过度的自信曾使我感到困扰。然而现在，情况则变得完全相反，令我困惑的是无法相信自己孩子的父母增加了。

由此可以看出很多日本人心中都藏有一种莫名的不安,这种不安并非只是对自己的孩子,而是被一种广泛的不安笼罩,此时一旦发生什么案件,内心的这种不安马上就会被触发而变得强烈,使人们惊慌失措。

对于传媒,人们也有一种倾向,更易于接受煽动人们不安的论调,而对于强调安心以及安全的内容则敬而远之。

但实际上日本的犯罪率即便是有所增长,但是与美国相比,简直不可相提并论。在城市的安全方面,日本完全可以感到骄傲。然而,并没有太多人愿意倾听这种主张。这是因为这一论调与每一位国民心底的那种莫名的不安感相违背。

我认为造成这种广泛不安的根源之一,便在于"与他者关联的缺失"。人们会在某个时刻突然发现自己很孤独,与他者、他物都毫无关联。无论是日本式的关联,还是欧美式的关联,都不存在,处于完全孤独中。

依照日本传统式的生活方式,人是在家庭、社会、地域等群体中,与他者的种种关联中活着的,与围绕自己的种种事物都存在着关联。

能让人们感到安心,从这个角度而言,这种关联是人们所希望的,但若是从"个人的自由"这个角度考虑,立刻就会变成一种令人窒息的"羁绊"。

受到欧美思想的强烈影响,日本人,尤其是年轻人努力地挣脱这种"羁绊",向往自由。然后,切断这些关联之后,某一天会突然发现自己处于完全孤独的状态。

这是因为日本人自认为已经吸收了欧美文化,但其实他们忽略了个人主义背后的基督教背景,从而导致这种状况的发生。

在基督教文化圈中,个人主义以及自由主义的产生经历了漫长的历史，尊重个人的思想产生之后，个人与神的联系也依然存在。

而这种个人主义与神的关联，有效地防止了个人主义向利己主义的演变。每个人借由神联系在一起。当然，虽说如此，现代在欧美，基督教的力量并不像过去那么强有力了，因此他们也有不少人存在与日本人同样的问题，关于这一点在此我就不再赘述了。

事到如今，日本人不会再想返回以往的"羁绊"中，但一方面主张个人的重要性，另一方面又失去了与他者的关联和精神支撑，于是抱着深深的不安生活着，我想这是不容忽视的日本人的心理现状。

二 找到"我的树"

在这个世上，存在着"我"这个人，仔细想想这是一件多么不可思议的事情。任何一个人都不是按照自己的意志或愿望降生到这个世界上来的。当我们意识到的时候，"我已经存在于这个世上了"。

无论是出生的国家、家庭还是兄弟姐妹，我们全都无法自主选择，甫一开始便已是既定事实。尽管如此，孩子们生来便接受了这些理所当然而活着。

但是，大概到了四岁，孩子们就开始知晓自己是会"死亡"的一种存在。

意外的是，孩子们其实并不怎么谈论这件事——这是否因为孩子们已经明白，即便谈论也无法改变这件事呢——但实际上，他们对此已有了明确的认识。这是一件很重大的事情。

接着大概到10岁，孩子们会认识到"我"是这个世界上与其他都不同的唯一的存在。与父母、兄弟姐妹、朋友都不同，这个世上存在着"独一无二的我"。这种认识并非恐惧也非其他，实在是无法言喻的。

产生这一认识之后，孩子们便会感觉到不安。之前还能一人独睡，此时会突然变得很胆小，不敢独自一人睡觉，夜里不敢独自去卫生间。

此时，若父母不发火训斥，而是给予理解宽容的态度，孩子们便不知不觉地恢复如常了。

但似乎很少成年人对儿时的这种体验记忆清晰，然而，倘若问一下初中或高中生，就会发现他们中有很多人清楚地记得这种体验。

想来活下去对人类而言，原本就是一件极不容易的事情。是什么支撑着自己这种独一无二的存在？而且，既然一定会死去，那么死后又会变成什么？每一个人都是抱着这些根源性的疑问活着的。

为了解答这些疑问，人类或者信仰各种宗教，又或者重视某些风俗习惯，出乎意料的是，其实有不少风俗习惯都体现出人们在想方设法解答这些疑问。过去的人们借助这些方式保持内心的"安宁"。但是，很多现代人却试图舍弃这些，其中尤其是日本人更甚。

人们拼命努力挣钱，享受着方便舒适的生活，看起来完全是一副幸福的模样，但是若被正面问及"是什么支撑着你"的时候，我们是否能回答出来呢？

人们不断抱怨着"太忙了"，但我想，这种忙碌的状态是否为人们所刻意制造的呢？因为若稍有闲暇，便要面对那些无法解答的根源性的问题，难道是为了逃避，人们硬逼着自己保持着团团转的忙碌状态吗？这种人生简直像是骑在自行车上，一旦停止蹬车，便会立刻跌倒。

出乎我们意料的是，在支撑每个个人的各种要素中，"世界和平"以及"人类幸福"等这些美好的宏伟愿景其实很无力。

有时我们会发现,支撑着一些人的这种要素平淡无奇,尤其是这些要素作为"独一无二的我"的支撑,力量似乎过于薄弱。而且,甚至还有很多在他人看来有些愚蠢的事物,会成为某个特定的个人强大的支撑,这种情况并不少见。

我曾经遇到一位患者,他接连遭遇不幸,失去了工作,与他人的交往也骤然减少,看起来似乎与世间所谓的幸福无缘。

这位患者持续到我这里做心理咨询,很长一段时间,他一直找不到任何对未来的希望。但有一天,这位患者满脸笑容地来了,他告诉我,在附近公园的树林中散步时,找到了"我的树"。

据说他在树林中行走时,直觉指引他看到了那棵"我的树",自那以后他每天都会去看一次那棵树,由此感觉他的整个人生都豁然开朗了。

听完之后我很开心,并且立刻想起我非常喜欢的一本书:大江健三郎的《在自己的树下》[①](朝日新闻出版)。

在这本书中,大江介绍了自己家乡的一个民间传说,据说每个人一定都有一棵"自己的树"长在森林里。他还提到自己在孩童时去看那棵"自己的树",结果看到了自己成年后的样子。而现在再去看那棵树时,见到的则是孩提时的自己,这番话给我留下了深刻的印象。

一棵树支撑着一个人,这个人的一生都围绕着这棵树展开。而声称找到了"我的树"的那位患者,其实对大江健三郎的这本书一无所知。但是成为某个人精神支撑的故事,往往具备不可思议的普

---

① 大江健三郎完成于2001年的自传式随笔集。(大江健三郎:『「自分の木」の下で』,朝日新闻社,2001年)。中译本《在自己的树下》,秦岚译,南海出版社,2004年1月。——译注

遍性。正因为如此，听起来荒唐无稽的神话以及民间故事、传说等，才可以超越时代被许多人所共有。

身为心理治疗师，我深知自己是无法成为苦恼中的他人的支柱的。在这个认知的基础上保持坚忍，不丧失希望，与他一同苦恼，这样支撑他的事物自然会出现。

比起我来，作为某个人的支撑，一棵树所能发挥的作用会更大。这种支撑一方面是极其私人化的，但同时又与某些普遍性的东西发生着关联。

三 因"关系缺失病"而痛苦

为何现代人容易陷入孤独中呢？解答这个问题的一个十分重要的观点，就是"科学智慧与神话智慧"。哲学家中村雄二郎在其著作《哲学的现在》（岩波新书）[①]一书中做了明确的论述，我想以此为参考，跟大家一起探讨一下。

现在科学技术已经十分发达，过去人们想都不敢想的事情在现在已经变得可能。人类飞到了地球之外、登上了月球，对生命现象以及遗传因子的解释也不断获得了新的进步。

过去依靠宗教的力量向神明祈祷也无法解决的事情，现在依靠科学技术的进步不断地得以攻克，这一点通过疾病很容易理解。过去像黑死病这类传染病，无论人们如何向神祈祷都毫无用处，导致人类大量死亡。而现在依靠医学的力量已经可以治愈了。

因此人们不再被"迷信"所惑，转而开始依赖科学技术，并且

[①] 中村雄二郎：『哲学の現在：生きること考えること』，岩波書店，1977年（岩波新書）。——译注

开始认为科学技术是万能的，感觉利用科学技术，我们什么都能做到。而除了科学技术之外的其他东西，都变得无关紧要。

我们现在所深深依赖着的科学以及技术领域有一个前提，即研究者与其研究对象之间并无关系。而正是因为研究者的研究与研究对象之间没有必然的联系，由此发现的规则便都具有"普遍性"。

这正是科学的伟大之处。对这种"科学智慧"的有效利用，使得人类能够按照自己的意愿支配和操作各种各样的东西。

然而，在这种将万物都与自己分割开来的世界里，人类是无法生存下去的。

例如，有人因最爱的人遭遇事故死去，变得意志消沉而陷入颓废之中。他质疑着："她为什么死了？"对此"科学智慧"会给出"出血量过多"之类的答案，但这种回答肯定不能解决他内心的问题。

科学智慧给出的是对与自己无关的人之死所进行的客观分析。但是，这个人希望知道的是，与自己有关的"独一无二的她"为何会死去。

中村雄二郎对"神话智慧"做了以下论述："神话智慧源自人类的一种根本诉求，他们希望自己周围的事物以及由这些事物构成的世界在宇宙论的层面具有重要的意义。"

由此，通过"神话智慧"，"我"与围绕着"我"的人与物在宇宙秩序中变得有了意义。"我"不再是孤独的，而是被强有力的网络牢固地支撑着。

过去，人们就在这种支撑中安心生活。对于死后要去往何方这一疑问，"神话智慧"也给出了解答。因此，很多人活着时积极努力地为死后做准备。这些人对于死亡不再恐惧，能够安心活着。

但是，仅仅依靠"神话智慧"活着，人类的生活便会变得全部都是由神决定的，很难发生改变，人类的自由意识也不复存在。

当人类开始尊重自己的自由意识，尤其是开始思考"进步"这一类事物时，便会感觉"神话智慧"是对人类的束缚。因此，进入近代以后，随着人们开始重视"进步"，便不断地抛弃往昔所依赖的"神话智慧"，而变为依靠"科学智慧"。

在欧洲，这一过程经历了漫长的时间，其间人们得以一边多方探索，一边渐渐地进步。虽然"科学智慧"很重要，但人们并没有完全割断人类与"神话智慧"的关联，而是想方设法保持着这两者的"关联"，发展至今日。

与欧洲相比，日本是在近代科学已经基本确立之后，才将其一举引入的，从而使"科学智慧"有力地摧毁了"神话智慧"，所以在日本，越来越多的现代人因先前所述的"关系缺失病"而痛苦。

"神话智慧"的消失，会使这个世间的"圣域"也随之消失。

迄今为止，在日本，小学生以及纯洁无垢的婴儿等都被视为一种神圣的可称之为"圣域"的存在，连那些犯罪的人也不会无情到对"圣域"下手。因此，即便过去并没有下意识地考虑应该如何去保护他们，他们也是安全的。

然而，现在的暴徒已经失去了对这"圣域"的敬畏，毫不留情地干犯他们。我们必须认识到，人类在高举"进步"的旗帜获取种种成就的同时，也付出了相应的巨大代价。

四 人类无意识中的"神话生成机制"

面对这种情况，活在现代的我们究竟应该如何解决呢？

我们享受着现代舒适的生活，"科学智慧"对于我们自然是很重要的，但是，我们不能把它当作唯一的真理，只依靠科学智慧，而忘记去努力发现能支撑我们每个人在自己的人生道路上前行的"神话智慧"。

瑞士的深层心理学家卡尔·古斯塔夫·荣格①说，他感到这是人类对自身的质疑，人类在问自己："你是依靠什么神话活着的？你的神话是什么？"

个人主义是很棘手的，以往人们能够从集体共有的"神话智慧"中获得安全感，但是现在却要依靠个人的努力去寻找支撑自己的"我的神话"。

若不能忍受这种重负，人们则会加入某个为自己提供强有力支撑的"神话"的麾下，从而获得安全感。然而，这种"神话"有时是极其危险的，奥姆真理教案早已证明了这一点。

作为心理治疗师，应该如何对待因"关系缺失病"而来寻求帮助的患者呢？来访的患者与心理治疗师之间当然不存在共有的"神话"，需要从寻找共有的神话开始入手，这对心理治疗师是一个亟须攻克的难关。

那么，心理治疗师要依靠什么来开展工作呢？我想应该是存在于每个人的无意识之中的"神话生成机制"。

亨利·艾伦伯格②在其缜密论述深层心理学发展轨迹的名著《发现无意识：动力精神医学发展史》（上、下册，木村敏、中井久夫监译，弘文堂出版）③一书中，强调了存在于人类无意识中的这种"神话生成机制"的重要性。

---

① Carl Gustav Jung（1875 - 1961），瑞士著名心理学家。——译注
② Henri Ellenberger（1905 - 1993），曾在美国及加拿大任心理学教授。其著作涵盖了民族精神病学、心理学史等内容。——译注
③ アンリ・エレンベルガー 著，木村敏、中井久夫監訳：『無意識 の発見：力動精神医学発達史』上下卷，弘文堂，1980年。——译注

第一章　不安与孤独的原因

据艾伦伯格所述,"神话生成机制"一词是由19世纪英国诗人弗雷德里克·迈尔斯①创造的,对此,艾伦伯格做了如下阐释。

所谓神话生成机制,指的是"无意识中自我的'中心领域',人们心中的浪漫主义不间断地进行着不可思议的创作。……在这一神话产生机制的概念中,人类的无意识被认为不断地参与故事、神话的创作。这一行为有时停留在无意识的状态里,有时也会以梦的形式显露出来,有时则会表现为患者内心深处自然发生并不断重复的白日梦,甚至有时,这一类的创作也会表现为梦游病、催眠、附身、灵媒恍惚的精神状态,妄言症或者某种妄想的形态"。

由此也能看出,这种神话生成机制与"怪异"的以及"危险"的东西有着深深的联系,我们对这一点要有清楚的认识。但倘若我们因此而否定它,人类则会失去生存的安全感。

但是,这种神话生成机制存在于每个人的无意识里,这又会给我们带来希望。正因如此,当心理治疗师遇到看上去毫无希望的患者时,尽管治疗师自己也没有答案,但是仍不会失去希望,会和他一起走下去。

当然,为了了解患者的神话生成机制的形态,我们会使用让他描述梦境、画画、制作沙盘以及讲述故事等方式。正如艾伦伯格曾指出的,我们对妄想以及白日梦等症状应该持尊重的态度,因为这些是有意义的,由此我们能发现那个人的神话。

如前所述,奥姆真理教案明确地显示出"神话智慧"的危险性,心理治疗师应该对这种危险性有清晰的认识。从这个意义上说,心理治疗师这个职业,是一种对从业者的伦理道德要求较高的

---

① Frederick William Henry Myers(1843-1901),英国诗人、随笔作家、灵学研究者。——译注

职业。

这神话虽然是个人的无意识所创作的,但由于人类的无意识里具有普遍性,因此这神话既是个人化的,同时也带有集体的普遍性。

如前文所提到的"我的树"的主题,产生于完全独立、完全不同的地方。因此,可以说类似的主题会跨越时代与文化的差异,出现在完全意想不到的地方。

例如,出现在现代日本人梦中的重要主题,有时甚至能在古代凯尔特人的传说中找到,这其实并不奇怪。

因此,了解自古以来的"神的故事",并非为了猎奇,而是为了可以从中发现在现代仍能发挥作用的智慧。

五 任意妄为的神

在人类世界里杀人是罪恶的,那么在神的世界里又如何呢?

关于这个问题,让我们一起来分析在日本广为人知的古希腊神话。众所周知,宙斯(Zeus)是古希腊神话中的诸神之首。分析一下宙斯的亲子关系,我们就能发现他的父亲克洛诺斯(Kronos)是多么的惨忍。

克洛诺斯与妻子瑞亚(Rhea)生了众多的孩子,但他唯恐自己的地位被孩子们夺走,就将自己刚出生的孩子一个接一个地吞噬了。如此狠毒地杀害自己的孩子,也真是令人瞠目。

西班牙画家戈雅(Francisco José de Goya y Lucientes)所绘的克洛诺斯吞噬自己孩子的名画[①],相信很多人都看过,并记忆深刻。

后来,在瑞亚生宙斯之时,她用布裹着石头充当婴儿,让克洛

---

① 绘画名称:《农神吞噬其子》。——译注

诺斯将它吞噬，遂救下了宙斯。

之后，宙斯长大成人，与墨提斯（Metis）结了婚，他从墨提斯那里拿到一种药，给克洛诺斯服下，让他将之前吞噬的孩子都吐出来。

前文我用了"杀害自己的孩子"的说法，但后来这些孩子都被一一吐了出来，复活了，这也是神话的随意之处。

后来，宙斯联合父亲所吐出来的兄弟姐妹们一起，推翻了父亲克洛诺斯的统治，建立了自己的世界。这里可见亲子之间争斗的存在。

谈及"吞噬"，宙斯也做了类似的事情。他得知一个预言，说他与墨提斯结婚，生下一个女儿之后，会被再生出的儿子推翻王位。于是，宙斯便在墨提斯再次怀孕时吞噬了她。

从这里我们可以看到相似的故事类型，即儿子抢夺父亲地位的可能性，以及父亲试图通过"吞噬"来躲过这种灾难。

在此顺便介绍该故事的后续部分，被宙斯吞噬的墨提斯到了临盆之际，赫菲斯托斯［Hephaestus，宙斯的正妻赫拉（Hera）之子］用斧头劈开了宙斯的头颅，于是宙斯和墨提斯的孩子雅典娜（Athena）便全副武装、披甲执锐跳了出来。

虽然在这里我只做了简略的介绍，但是我想从中大家应该已经能感受到这些神的行为是多么的有违常理。

被吞噬的人仍然活着，女儿从父亲的头颅里出生，这都是人类不可能做到的行为，不过父亲与儿子的相互对立以及相互残杀，这些在人类世界中也会发生。

宙斯的行为中还有一个打破我们常理的，那就是他的男女关系。

若是要把与宙斯交往过的女神、妖精以及人类女性全部罗列出来，那么恐怕就要像莫扎特的歌剧《唐璜》的"花名册"里所写的那样能列出一个长长的花名册。

赫拉是他的正妻，但是每当赫拉知道宙斯与其他女性的关系后，总会燃起熊熊妒火，其激烈程度也是超出一般常理的。

在宙斯众多的情人中，特别是他变身为天鹅与黄金雨去接近的两位凡人女性——丽达（Leda）与达娜厄（Danae）的故事，尤为著名。

这两个故事都成了西方名画的题材，相信应该有很多人看过。恐怕也有人会想，若是人类的男性也能"变身"就好了，我们也有想要变身去接近的女性。

六　内心深处的俄狄浦斯

正如前面简略介绍的那样，神的行为简直是骇人听闻，完全无视人类的常理以及良知。

自古以来就有"以毒攻毒"这一说法，对神明这种破天荒的行为，以毒攻毒应该是有效的，或者说是一剂猛药，因而药量很难控制。

以毒攻毒或许对疑难病症有效，但也有可能会毒杀人。

方才写到可能会有人类的男性希望"变身"去见自己思慕的女性，想想"变装"之后去幽会的男女，在人类世界中的确也是存在的。有时还会被人拍下照片来，从而暴露出原形。

由此我想神的"变身"故事恐怕就体现了人类"变装"行为的原始形态吧。

在克洛诺斯与宙斯的神话中也稍有涉及，人类世界中也存在着父亲与儿子之间的纠葛，也有不少父亲担心自己的地位被儿子取代，或者以儿子为"食"。

由父亲与儿子之间的心理纠葛派生出的、存在于人类内心无意识中的障碍，奥地利的著名心理学家弗洛伊德将其命名为"俄狄浦斯情结"，现在这已是广为人知了。

这一命名中用到的俄狄浦斯（Oedipus），是希腊悲剧中的一个主人公，其故事原型来源于神话。

如此想来，"狄安娜情结"中的狄安娜（Diana）也是罗马的女神，"该隐情结"中的该隐（Cain）也是旧约圣经中的人物，那么为何在分析现代人的心理时，要使用神话以及古老故事中的人物的名字呢？

我想这大概是因为即便是典型的现代人，其内心深处也住着俄狄浦斯、狄安娜以及该隐吧！这种说法比起使用心理学生硬的术语，说"你在压抑着对兄弟姐妹的强烈攻击性"来，可使人们更能切实感受到自己的心理状态。

这些内心的"居民"平时一般都潜藏在心灵深处，由于某些状况会突然露面。这时，人就像是被宙斯、赫拉附体一般，会做出一些"常理无法解释"的坏事，甚至会犯罪。

在一些重大案件发生之后，在报纸上经常能读到一些罪犯的邻居以及朋友类似的感想，即"想不到那个人会做这样的事情"。有时我不禁会思忖，恐怕犯事的人也在想，"我怎么会做这种事情"呢！

人类为了生存，有必要预先了解一下自己内心的"居民"。当然，考虑在现实生活中要与谁成为朋友、自己的上司是哪一类人等这些问题固然重要，但同时，思考应如何与自己内心深处的"居民"相处，也是极其重要的。

七　迷失了答案的现代人

如上一节所述，我想应该可以通过神的故事来思考人类内心深处"居民"的故事。如此一来，对于我们这些现代人来说，神话也会带来很多启示。

但是，在现代，我们提到"神话"一词时，往往都是用于被人轻视的事物。如我们在批判某种想法时会以"神话"代称其事，或者说它"简直像神话一样"，这意味着"听起来像是煞有其事一样，其实是很虚伪的"。

为何会变成这样呢？我想在过去很长一段时间内，人们曾经将神话所讲述的内容当成外在的事实去接受，但后来随着近代科学的进步，人们关于外在事实的知识不断丰富，神话的价值就开始急剧下滑了。

现在再说太阳是名叫天照大神的女神，恐怕没有人会相信了。太阳是地球无法比拟的巨大、灼热的球体，这在日本是连孩子都知道的。那么，即便是生活在现代的日本人，登上高山的山顶，看到旭日东升的情景，也会有人合掌膜拜，这又是为何呢？

此时如若有人去给这些人解释，其实并非太阳自东方升起，而是地球的自转导致的视觉效果，看似太阳升起……恐怕也是徒劳的，对方恐怕会说"这些谁都知道啊"，"真是多管闲事"。但是，事实究竟是怎样的呢？

并不是因为太阳是女神或者其他神明，而是人们看到太阳升起时，心中升起一种深深的虔诚敬意，为了表达这种感情，人们便向着太阳双手合十了。我想这种说法比较切合实际。

我曾说过神是人类内心的"居民"，即神的形象是最适合表达人类的内在体验的。并非说太阳是神，而是某个人站在山顶眺望太阳升起时体验到的感动，即神之体验。更进一步说，当时是在膜拜在内心所显现的那位太阳女神。

我们忘却了这些，只是一味地关注与科学技术相关的外在事实，于是神话就变成了一种"虚幻"的毫无价值的东西。在现代，人们一方面否定神话，去构建便利快捷的生活，但同时又因各种不安以及精神压力而日夜承受着痛苦。

我想这是因为神话曾经为我们解答了，自我在这个世界中所处的位置，告诉我们如何理解人出生便走向死亡这一事实等系列问题，现代人在遗忘神话的同时，也遗失了这些问题的答案。

在20世纪即将结束之际，美国开始有人注意到这些问题，在这些人中，对于神话的关注突然复苏了。引发这一动向的，便是神话学家约瑟夫·坎贝尔[①]。

很遗憾，坎贝尔先生已经逝世了，但是以他的电视访谈节目的记录为素材整理出版的书籍成了畅销书，在全美90万册一售而空。[②]

在这部书中，关于神话对现代人的意义，坎贝尔做了综合论述。从这本书在全美销量90万册这一点来看，美国人还是有救的。

很荣幸，我与坎贝尔先生有过几次会面。一次是在旧金山，我们两人一起受邀去做工作组的讲师。

坎贝尔先生是一位无与伦比的演讲者，是传达神话魅力的绝佳人选。而且他也很喜欢日本，对日本文化有着深刻的理解。

我们背负着一个课题，再度复活于21世纪一度被人们抛弃的神话。为此，我们有必要重读神话。

---

① Joseph Campbell（1904－1987），美国比较神话学家、作家。主要著作有《千面英雄》《神话的力量》等。——译注

② Joseph Campbell、比尔·莫耶斯（Bill Moyers）著，飛田茂雄訳：『神話の力』，早川書房，1992年。中译本《神话的力量：在诸神与英雄的世界中发现自我》，朱侃如译，浙江人民出版社，2013年6月。——译注

八 "驱动自己的并非人自身"

在古时候,所有人都与神话共生。当然,文化的不同特质造就了多种多样的神话,但生活在一种文化中的人们,自古以来便深信这种文化所孕育出的神话。

也就是说,过去人们是在与自己居住的世界相协调的世界观中活着的。换言之,当时的人们与自己内心世界的"居民"和谐相处,但对于应该如何应对外部的自然现象,则十分无力。

与之相比,现代人刚好相反。现代人能够顺利应对外部事物,但却失去了人内在的安宁。

那么,有没有支撑现代人的"神话"呢?如果有的话,只要讲述这种神话就可以了。

但是,实际上并非像我们想的那么简单。在刚刚介绍的《神话的力量》一书中,坎贝尔先生也曾断言:"在今后很长很长的一段时期内,我们都不可能拥有神话。"

为什么会这样呢?对此,坎贝尔的解答是,"事物变化过快,来不及被神话化"。

人类甚至已经实际登上了月球。在这种状况下,现代人要拥有什么样的"月亮的神话"呢?像这样失去了神话的我们,应该如何生存下去呢?

对此,坎贝尔说:"每个人都有必要发现与自己生活相关的某种神话性的模态。"人类集体拥有共同神话的时代已经结束了,必须通过各人的责任和努力找到自己生活方式中的"神话性模态"。

倘若我们对此有所怠慢将会如何呢?我想这样一来,原本应该在心中上演的神的故事则会突然外在化,演变为报纸上经常报道的杀人之类的"案件"、亲子之间的杀戮,或围绕男女关系的各类案件等。

坎贝尔说，"驱动我们的并非我们自己，开始意识到这一点是在青春期"，从这个时期起，我们开始意识到住在自己内心深处的诸神的存在。

我们应该如何度过如此棘手的青春期呢？在过去，帮助人类度过的是神话以及基于神话的祭祀活动。但是，"当今社会不能赋予我们这类比较恰当的神话的引导"，坎贝尔曾如此断言。

我们应对青少年问题时会想出how to（如何做）一类的具体对策，但这种小聪明在神的威力面前不堪一击。

为了找回丢失的神话，青春期的孩子们或是到处涂鸦，或是砸坏玻璃，或是欺负他人，用这些方式做着各种尝试，但大都没有什么效果。

在这些行为中，神话性的样态越是激烈，越会演变成超出常识的行为。如此一来，大人们就会悲叹："现在的年轻人啊……"但这些大人们没有觉悟到，实际上自己也和这些年轻人一样，生活在"丧失了神话"的时代。

这时人们如果突然干劲十足起来，则会举国——当然，恐怕到不了如此夸张的程度——集体去相信伪神话，这便会导致他们走向"神秘术"的道路。

为避免这类情况的出现，为了"找到与自己生活相关的神话的模态"，我们有必要了解人类过去曾经拥有什么样的神话，而它们与现代人的生存方式又有何关联。

在后文的章节中，我想带着这个问题意识与大家一起探讨。

第二章
万物伊始

一　意识产生之际

　　这个世界究竟是何时产生、如何产生的？人类又是怎样出现的？对这类问题给出解答的便是创世神话。通过后文的介绍，大家会看到，创世神话有各种各样的类型。

　　可能会有人认为对这些问题"大爆炸说"以及进化论已经给出了充分的说明，也在一定程度上做了实证（完全证实是不可能的），现在再去了解这些"神话"毫无意义。

　　但是，神话的意义并不在于此类"自然科学"方面，而仅仅考虑"我"是如何感受、如何思考的，这是神话的出发点。

　　那么，我们究竟从何时开始意识到自己存在于这个世上呢？意识到自己周围的"世界"的存在又是在何时呢？说起来，意识到这些问题的"意识"，又是如何产生的呢？这些问题正是关于"万物之始"的。

　　创世神话所讲述的正是人类通过"意识"开始去认识世界的根源。如下所述，这类神话有着多种多样的类型。

不同的民族通过不同的方式认识世界，这是理所当然的。人们体验到的"世界"或是沙漠，或是被大海环抱的岛屿，抑或是原始森林，不同的地方当然会产生不同的认识。

人们在不同的世界中各自生成自己特有的生存方式，创世神话便是讲述所有这些的。

刚刚我们是从民族的角度来考虑的。想来个人也是同样，每个人也都在体验着或者被迫体验着众多的"初始"。如此说来，自己的"意识"又是始于何时，如何产生的呢？

思考这些一切的最初"起源"是很难的，但是每个人都应该经历过对世界的"看法"发生改变，由此而产生新的认识。

某个时刻突然感觉到随时随地可依靠、为我们做任何事情的母亲变得不一样了，或是在另一个时刻第一次看透人性，感受到"原来人类就是这样的啊"，人类就是这样在人生中的一个个"节点"中体验到了各种"初始"的时刻。

这些时刻都是十分重要的，在这些重要的节点上，一旦认识有误，或者误解了其中的意义，或者没有意识到其重要性，那么人类就会经历重大的失败。

从这个角度去看待讲述世界起源的神话，会相当有趣，你会发现神话中各种神的形象，会在出乎意料之处为我们提供参考。

二　天地分离

分离、区分事物这是人类意识的起始。世界上众多神话中都存在着讲述天与地、光与暗、昼与夜等分离的故事，其原因正在于此。可以说如果没有区分，便不会产生意识。

在天地分离的神话中，新西兰的原住民毛利族的神话是非常有名的。

在世界之初，天为父神兰奇，地为母神巴巴，两人原本是紧紧拥抱在一起的，以至于世界被黑暗包围。他们的孩子们在黑暗中，想着要把父母分开。

于是，孩子们一个接一个地尝试着分开天地，但都失败了。最后，轮到了森林之神，他开始试图用手拉开天与地，但又失败了。接下来，他将头植入母亲大地，用脚撑着父神的天空，用尽全身力气要把二人分开。

父亲与母亲发出痛苦与悲伤的声音，叫喊着："你为何要杀害自己的父母呢？为何要犯这种把父母分开的罪呢？"

即便如此，森林之神仍然没有停止，最后终于将天与地分开了。于是，明亮的光照入了世间。

之后，直至今日，天与地都保持着相互分离的状态。但两人的爱情并没有改变，妻子发出的爱情的叹息，化为向着天空升起的雾，而丈夫哀叹与妻子的别离，流下了眼泪，这眼泪滴落地面，被人们命名为"露珠"。

在这里我只是概括地介绍了这个故事，故事的原文非常生动感人，能让读者充分感受到天地分离的重要性。

而且，故事中也触及与天地分离相伴而生出的悲伤、痛苦，以及罪恶等。也就是说，伴随着人类"意识"的出现，人类的痛苦与悲伤也同时产生，这有时也被称为"罪"。

在这个神话中，讲述了天地分离要经历无比多的困难。而且，"光"随之产生，于是出现了光与暗的区别。

那么，希腊神话是如何描述天地分离之前的状态的呢？在奥维德（Publius Ovidius Naso）的《变形记》（上、下册，中村善也译，

第二章 万物伊始

岩波文库）①的开头部分写道：

"在大海、大地以及覆盖万物的天空出现之前，大自然的面貌到处都是浑然一片。人们将其称为'混沌'（Khaos），混沌不过是天然无雕饰的还没有建立秩序的块状物。它只是浑浊沉重、彼此冲突的万物的种子聚集在一起，处于互相竞争着的状态。"

书中的记述还有下文，但只引用至此，因为这里的描写与对人类"无意识"的描述恰好吻合。如果把它当作人类从无意识状态中产生意识的过程来阅读，这个天地分离的神话，会给人以两者完全吻合的感觉。

人类的意识是由与天和地类似的众多二元对立的组合构成的。如若用现代的电脑来表现这些，便是由0和1所组合构建的计算的模式。

因此，在神话中不只是天与地、光与暗，还有日与月、上与下、左与右以及善与恶等，这些二元对立的组合，它们对于人类的意识的成立，有着极其重要的意义。

但是，如若将男与女这一组合引入其中，事情便会突然变得麻烦起来。在毛利族的神话中，天为男性，地为女性。这种二元对立之项的一致在神话中有很多，在人类的意识中也存在着同样的问题。

例如，上下之项与男女之项相重叠时，根据重叠方式的不同，就会相应地产生以男性为尊，或者以女性为尊的不同的世界观。因而，男性与女性，这是极其重要的概念，对此于后文再做详述。这里我仅仅想强调一下"分离"的重要性。

---

① オウ・イデ・イウス著、中村善也訳：『変身物語』（上、下册），岩波文庫，1981-1984年。——译注

三 "光"的出现

关于世界的起初，有的神话是从唯一的神的存在讲起的。圣经旧约（基督徒中或许有人对圣经属于神话这一观点持不同见解，在此，主要目的是为了做神话的比较分析，请理解）的开头《创世记》第一章中，这样写道：

"起初神创造天地。地是空虚混沌，渊面黑暗；神的灵运行在水面上。

"神说：'要有光。'就有了光。神看光是好的，就把光暗分开了。神称光为昼，称暗为夜。有晚上，有早晨，这是头一日。"

经历了"二战"的战败之后，我们开始了解西方的一些状况。当时，正处于青春期的我，觉得日本人应该对基督教有更深的认识，于是开始恶补圣经——也不过是匆忙恶补的程度而已——至今尚还记得，当时所读圣经的开头部分，用文言文体写着"神曰'须有光'，便有了光"。

时至今日，我对当时读到那一段时的震惊仍然记忆犹新。那是因为这种思维方式是我完全没有想到的。首先，世界伊始先有"神"的存在，其后因神的话从而出现了光。

青年时代的我所经历过的唯一的体验是，众多事情都是"无言中自然"发生的，因此这种说法在当时的我看来，是十分不可思议的，当然会感到震惊。

这里，如果把由于光的出现而产生的光与暗的区分，看成人类意识的起初，那么它是由"神的话语"引发的，而且使用的是人类能够理解的语言。按照这个思路，"语言"对"意识"的产生则极为重要，像圣经这样如此明了地展示出这种重要性的神话别无其他。

如前所述,"起初"并非仅指"意识的出现",还包括很多其他的内容,如产生一个新的想法、开始自立及人生的各个节点等,如此想来,那一瞬间因"神的话语"带来的起初的体验,对我而言,是非常强烈的。

从这个角度而言,即便不是基督徒,应该也能对神话中所描述的这种体验结合自身的经历而产生共鸣。如果我们不能理解其中描述的起初的强烈与严峻,那么我们可能就无法真正理解西方文化。

但是,如果我们有意识地去理解,就会感受到这种起初的体验。

四　日本之始

下文我们来谈谈日本的神话。日本的神话主要记述于《古事记》和《日本书纪》两本书中。这里我想先引用后者。这是因为一般认为《日本书纪》的内容更多地体现了当时日本政府对外宣传的目的。

当时的日本,要与诸邻国交涉,其中还有像唐朝这样的大国,于是日本感觉有必要从神话的层面,明确日本是一个正式的国家,统治这个国家的天皇是正统的。为此有必要整理并记录自古以来流传的关于神的故事。因此,一般认为《日本书纪》比起《古事记》来,含有更强的政治意图。

我们来看一下《日本书纪》(本书中关于《日本书纪》的引用,均引自岩波文库版五卷本,坂本太郎、家永三郎、井上光贞、大野晋校注。书中使用的旧字体部分均改为新字体,假名仍保留历史假名①）的开头部分。虽然是古文，但大致意思我们应该可以理解。

"古，天地未剖，阴阳不分，混沌如鸡子，溟涬而含牙。及其清阳者薄靡而为天，重浊者淹滞而为地，精妙之合搏易，重浊之凝竭难。故，天先成而地后定。然后，神圣，生其中焉。"②

这段话中讲道，上古，天地尚未分离，阴阳的对立也尚未出现之时，一片混沌万物未成形，在这昏昏沉沉中，首先有了事物出现的征兆。

其中清而明亮的东西高高飘起成为天，重而浑浊的东西则凝固成为地。

但是，清而且细小的东西容易聚集，而重且浑浊的东西则很难凝固。因而，天是先形成的，而后大地才凝固成形，之后在其中诞生了神。

可以看到与其他神话相同，这里也是首先讲述天地分离。在天地分离的方式上，各地的神话各有特色。或者像新西兰毛利族的神话描述的那样，有人分开了天地，或如圣经旧约中所述，天地分离并非神的创造，而是自然发生的。

在《日本书纪》中，并没有讲述到痛与苦，之后就在那里诞生了神。这一部分与希腊神话极为相似。

然而，其实这里所讲述的并非日本的神话，这一点十分重要。这一部分是根据中国的古文献总结出来的，是作为通论讲述的。《日本书纪》中在引用了中国文献的内容之后，有如下文字：

"故曰，开辟之初……"

---

① 括号中的文字，为作者所注，作者所引文献的原始日文信息如下所示。『日本書紀』（五卷），坂本太郎 [ほか] 校注，岩波书店，1994-1995年。——译注
② 此处《日本书纪》的引文基本依据原文，只是将汉字繁体字转换为简体字，并添加标点。——译注

可以看出，于此才是日本神话的起始，它讲述了天地间形状如苇牙的东西变成了神，即国常立尊①诞生了。

这种对神叙述的形式十分罕见，在讲述本国的神话之前，先加了一段通论，然后在此基础上，以"故曰"开始讲述日本的故事。

看到这种神话的叙事构造，我的眼前立刻浮现出现代日本人表述自己意见的场景，当现代日本人被问及"您怎么看"的时候，也总是先冗长地讲述完"大家的看法"，之后才会讲到"因此，我认为……"

故此，我时常会想，日本人的行为模式似乎从史前神话时代起就没怎么改变过，大家以为如何呢？

五　新事物萌生之前

上一节我们略微探讨了日本的神话，此处再接着读一下后续部分。

在《日本书纪》中，先讲述了国常立尊的诞生，紧接着，国狭槌尊、丰斟渟尊诞生了，之后又诞生了一对神，即泥土煮尊和沙土煮尊，然后大户之道尊、大苫边尊、面足尊、惶根尊相继出世。

之后，人们熟知的伊奘诺尊②、伊奘冉尊③终于出现了。这两位神可以说是生出日本各个小国的最初的夫妇。

---

① 又名国常立神、国底立尊等。日本神话中神的名字极为复杂，同一位神的名字在同一部书中也会出现不同的称呼，再加上《古事记》《日本书纪》以及《风土记》中涉及的名字，有时一人会出现多达十几种不同的名字。为方便读者阅读，译文中所涉及的日本神话人物的名字，尽量使用同一种常用名，重要人物以加注释来注明其他异名。——译注
② 又名伊邪那岐、伊奘诺、伊耶那岐等。——译注
③ 又名伊奘冉、伊邪那美、伊耶那美、伊奘弥等。——译注

若是讲述世界之初，按照一般的形式，完全可以由伊奘诺尊、伊奘冉尊的故事讲起，然而在日本的神话中，至此两人出世，就已经陆陆续续罗列了自国常立尊之后一长串读来颇为饶舌的神的名字。

这些神的名字或许在一定程度上解释了某些东西，但是并无重要的意义，所以完全可以省略，而直接从伊奘诺尊、伊奘冉尊讲起。

但是，把所阅读的世界上其他国家的神话做一个比较，便会发现其他地方也存在着像这般罗列一长串神的名字的神话，在此具体先忽略不谈，而在其他地方也存在与日本神话性质相同的神话，这一点，请大家留意。

此外，内容虽然有很大的差异，但在故事的主题上却与日本神话有着相似性，可以举出美国原住民纳瓦霍人（Navaho，亦作Navajo）的神话作为例子（在本书第六章中会详细讲述）。其中就讲到在抵达现在的世界以前，纳瓦霍人的先祖居住在另外的世界，其间又经历了第二、第三个世界等，现在的世界是第五个世界，即在这个世界起始之前，存在着其他的四个世界。与日本的神话相类似，他们的神话也并非直接切入主题，而有"前言"部分。

对这一特点，可以从多个角度去解读。倘若从"新的想法"寓意着世界的起始角度来看，那么可以说，这段描写讲述了新事物的萌动，虽然新的设想尚未成形，这种状态还不能明确地用语言来表达，但是心中却已经萌动着一些难以捕捉的东西了。

这种"萌动的过程"在神话中便表现为一长串不知所云的神的名字，如此便能解释得通了。

在纳瓦霍人的神话中，他们的先祖在抵达一个新世界，即将要在那里稳定安居的时候，总会因有人与那个世界的统治者的妻子发生性关系，而导致他们被迫离开。这样的情节设置，在神话中不断地重复出现。

我们在分析这一点时，不是从"乱伦"这个角度，而是从"意料之外的联系"的角度来解读，就会感觉这段内容是对新想法产生的过程所做的贴切表述。

难以理解的与他者的联系，会在想法产生之前先出现。

六　创造的机缘

世界的创造者为两个人，这是全世界的神话中都经常出现的设置。这两个人通常在某种意义上既是相对的存在，又相辅相成地开展创造工作。这两个人若是相对的关系过强而变成了敌对关系，便会具有破坏性，因此这两者之间对立与协调的平衡，是相当微妙的。

下面我们来简略地看一下美洲原住民艾克马维人的神话。

世界伊始，空中首先出现了云，云聚集在一起凝固为狼，雾聚集在一起成为银狐。

它们造了船，定居在船里。日子一天天过去，它们开始感觉厌倦。

在银狐的建议下，狼开始睡眠，这期间银狐热心工作，创造了陆地，又在陆地上创造了树、岩石以及森林。

船快要靠岸时，银狐叫醒了狼。

狼睁开眼睛看到大陆吃了一惊，登上陆地后和银狐一起吃了很多水果。

接着，它们决定在这里建造房子，住下来。

这个创世神话的特点是，虽说创造者有两位，但一直努力工作的只有银狐，这期间狼只是在睡觉。

或者可以说，狼是通过睡眠来协助银狐的工作。这究竟是为何呢？

对于这一点，传达得更加明确的是，同为美洲原住民的乔舒亚人的神话。下文我想简单介绍一下。

在乔舒亚人的神话中，创造主为两个人，一个叫作克拉瓦斯，另一个为无名氏。

两人一起在世界上环行。一天，他们发现了人的足迹而大吃一惊。面对这一无法解释的现象，克拉瓦斯发动了大洪水，试图将一切破坏掉。因此，世界陷入了混乱。

克拉瓦斯接下来努力制造动物、制造人，但是两次都失败了。

之后，他的伙伴抽了三天的烟，其间出现了一栋房子，从里面走出来一位美丽的女子。

他与这位从烟雾中诞生的美女结了婚，两人生了16个孩子，这些孩子中出现了美洲原住民的所有种族。

这个神话比较典型的特征是，积极行动的克拉瓦斯失败了，而那个一味抽烟的男子，由抽烟这一行为间接地为创造人类做出了贡献。这意味着在真正的创造中，无为是很有必要的。

实际上我们在从事创造活动时，有时候积极地想东想西，最终反而会失败。相反，什么都不做，只是在发呆的时候，往往会产生创造的机缘。

这一点与创造什么也有关系，往往规模越宏大的事物，"无为"在其创造过程中越重要。

按照这种思路再往前推进一步，则如中国的思想家庄子所说的那样，若是给"混沌"安上眼睛、鼻子，那么它就会死去。

这告诉我们，急于催生意识，或者过于焦急地去尝试，往往会鸡飞蛋打，一无所获。

另外，将这段话翻译成德语介绍到德国的卫礼贤（Richard

Wilhelm）将"混沌"一词翻译为"无意识"。"让无意识保持无意识的状态",虽听起来有些极端,但真正认真进行创作活动的人,应该需要有这种程度的从容吧!

倘若有人认为,这样并不能产生任何新的事物,我想对他们而言,通过前文所介绍的美洲原住民艾克马维人的神话,应该更容易理解。

积极行动的银狐与无为的狼的配合,使创造得以完成。其中这两者的作用同样重要,缺一不可。

对此持否定态度,认为狼什么都没有做,可以将它排除出去的人,我想恐怕很难在大的创造上有所作为。

七 "好奇"的代价

世界创始已成,便产生了一个新的问题,即人类应该如何生存下去。其实,神话中关于创世之初人类的行为有诸多描述。

其中出现了各种各样的人的形象,但首先呈现出的是"人类是一种好奇的动物"。

人总是抱有好奇心,倘若他人皆知而仅有自己不知,很多人会为此感到愤怒。反之,如若掌握了他人都不了解的信息,则容易得意扬扬。可以说,人类的这种好奇心大大地推动了自然科学的发展。

但是,"知道"这一行为同时又伴有极大的危险。俗语有云"不知为上",人类既会因为"知道"而产生不安及恐惧,有时甚至会因为"知道"了什么而丢掉性命。反之,有时也会因为不知道而遭遇极大的危险。

因此,"知道"对人类而言是一个悖论,很多神话中都会讲述"知道"的危险性。

人类懵懂无知地活着，这正是人在"天国"的生活，但是却因"知道"而造成了可怕的后果。众所周知，这便是圣经中关于禁忌之果的故事，在《创世记》第二、第三章中有如下内容。

主神创造了人（男人）之后，决定让他住在伊甸园里。在伊甸园的中央，神种下了一棵生命之树与一棵分辨善恶之树，并将人带到伊甸园中，嘱咐他可以食用园中其他树木的果实，但唯独分辨善恶之树的果实不可食用，警告他"若食用则必死无疑"。

之后，神用男子的肋骨创造了女人。

男人和女人结为夫妻，"尽管两人皆赤身露体，却丝毫不以为耻"。

在各种野生生物中，蛇尤为狡猾。它引诱女人说，"其实食用了分辨善恶之树的果实也绝不会死。神是担心你们食用之后会变得心明眼亮，能与他一样分辨善恶"。

于是，女人摘下果子食用，并拿给自己的丈夫食用。两人吃后，果然变得心明眼亮，为自己赤身露体感到羞耻，因此采摘无花果树的树叶编起来围在腰间。神来到之后发现了一切。

然后，神惩罚了蛇，给它以最严厉的咒诅，说："你必用肚子行走，终身吃土。"并对女人说："我必多多加增你怀胎的苦楚，你生产儿女必多受苦楚。你必恋慕你的丈夫，你丈夫必管辖你。"最后，神对男人说："地必为你的缘故受咒诅；你必终身劳苦，才能从地里得吃的。土地必给你长出荆棘和蒺藜来，你也要吃田间的菜蔬。你必汗流满面才得糊口，直到你归了土，因为你是从土而出的。你本是尘土，仍要归于尘土。"

神又说："那人已经与我们相似，能知道善恶。现在恐怕他伸手又摘生命树的果子吃，就永远活着。"因此神便打发他出伊甸园去。

这便是失乐园的故事，这里描述的神的盛怒与惩罚之严厉，着实给我留下了深刻的印象。

由此可知，神原本并不希望人类会变得知"善恶"。然而人却犯了禁忌成了"知"者，从而背负上原罪，作为知道的代价。这对于基督徒而言是极其沉重的。

违背神的意愿，完成"知道"这一行为的人类，在其后更是将"知道"一事贯彻到底，直至现代，随着科学、技术的发达，甚至可以说，人类已经登上了神位。

借助发源于基督教文化圈的近代科学，人类已将自己想要的东西尽数得到，但是这种人类中心主义的倾向并未陷入极端利己主义的原因，我认为应该归咎于这种"原罪"的意识，它抑制着人类的欲望无限制地膨胀。

这段故事中还有一点令人印象深刻的，便是蛇所发挥的作用。从某种意义而言，蛇超越了神。

神告诉人食用禁忌之果则会"必死无疑"，而蛇却对人保证"你们绝不会死"。在此，看似蛇向人揭露了神的谎言，而实则是神的话语寓意着人会被"从伊甸园中放逐"，即人类会从永生变为会死的存在。

蛇受到惩罚，一生都要用肚子行走，这也意味着蛇要密切接触"大地"生存，意味着它是与代表"天"的神相反的另一极。

按照此种思路，更进一步甚至可以说，蛇其实拥有着超越创世主的智慧，对此请容我于后详述（本书第五章）。

总之，拥有了智慧的人类对赤身裸体感到羞耻，换言之，人类对"自然"的状态感到羞耻，这一点值得我们关注。

在基督教的文化中，原罪这种"罪"的意识十分重要，但在这一意识之前，其实先讲述了"羞耻"这种情感，并且是为"自然"

状态感到羞耻,由此时起,人类便开始了反自然的行为,同时付出"原罪"的代价。

八 得知秘密的"火神"

无知的状态是幸福且快乐的,"知道"会带来不幸,北欧神话中火神洛基(Loki)的故事也体现了这一主题,这一点意味深长。

原本洛基这位神自身就是值得注意的存在,在此,我想介绍一下与他相关的《巴德尔之死》的故事(格林贝克著、山室静译《北欧神话传说》,新潮社①)。

巴德尔(Baldr)的母神弗丽嘉(Frigg)为了防止世间万物伤害自己的儿子,便让包括火与水、铁以及世上其他的万物立下誓言,发誓绝不会以任何形式危害巴德尔。于是,众神便想出一种游戏,即将各种物体投向巴德尔。

无论众神投掷的是箭还是石头,即使击中巴德尔,他都毫发无损。看到众神如此这般娱乐,洛基开始恼火起来。

随后洛基变身成为一名女子,去拜访弗丽嘉,不断奉承她,并问她是否真的万事万物都已立誓不会伤害巴德尔。弗丽嘉不小心透露了唯独一株弱小的槲寄生木未曾立誓的信息。

于是洛基拿着那株小槲寄生木回到众神之处。诸神依然在将各种物体向巴德尔投掷嬉戏玩耍,唯有奥丁(Odin)的另一个儿子霍德尔(Hoder)因为双目失明,无法参与游戏而被众人疏离,孤独地站在一旁。

---

① ヴィルヘルム・グレンベック(Vilhelm Peter Grønbech)著,山室静訳:『北欧神話と伝説』,新潮社,1971年。——译注

洛基假装热情，将槲寄生木的树枝递给霍德尔，并教他朝着巴德尔所在之处投掷。

因此，巴德尔死去了，诸神乱作一团。之后的故事进展姑且省略，在此我想介绍一下诸神对洛基的处罚。

洛基畏惧诸神之怒，躲进山里，建了一所四面有门的房子，待在里面可以警戒世界的任何方向。白天他则会变成鲑鱼，隐身于瀑布池中。

但最终洛基还是被众神捉住了。众神将他关押在岩洞中，并找来三块大石板，紧紧地贴着洛基的肩膀、腰部与腘窝，将他牢牢捆在石头上。又拿来一条毒蛇挂在他的头顶上，使毒蛇的毒液滴落到洛基身上。

洛基的妻子西格恩（Sigyn）捧着杯子贴紧毒蛇之口下，接住滴落的毒液，待毒液接满之后便去倒掉，这期间毒液滴落在洛基脸上，洛基因痛苦而挣扎，导致大地剧烈震动，从而引发地震。

在这个故事中，看到众神天真、单纯的游戏，洛基心中愤怒，继而由于他"知道"了重要的秘密，从而导致巴德尔死亡。这里也表达了"注定死亡的存在"这一主题。

虽然以上都是关于神的故事，但我想，这些也在讲述着人类世界共通的内容。人类无法满足于在"无知无识"的前提下单纯地快乐。人通过"知道"这一行为领悟到自己是"会死亡"的存在。这是极大的痛苦。

神究竟是否希望人类"知道"呢？对此神应该抱有矛盾的心理。

我想应该有很多人会由洛基受到的惩罚，联想到希腊神话中普罗米修斯所受到的惩处。这两个故事的确十分相似。而且两者之间还存在着"火"这一共同的要素。

洛基是火神，而普罗米修斯则是从宙斯那里盗取了火种的英雄。普罗米修斯因盗取火种受到与洛基极其相似的惩罚，每日被恶鹫啄食肝脏。

"火"包含着各种寓意，其中之一便是"意识"。有了它，在黑暗中也可辨物，换言之，它与"知道"相关。因此，在神话中"火"具有极其重要的意义。

洛基之所以能够知道其他诸神所不知的秘密，应该与他是火神这一事实密切相关。

在希腊神话中，神拒绝将火赋予人类。这时普罗米修斯巧妙地欺骗了宙斯，盗取了火种，并将它带到人类世界。

这里也是一样，众神对人类的"知道"这一行为并不认可。违背众神的意愿，强行促成了这件事的普罗米修斯遭遇严厉的惩罚。这可以说是圣经、北欧神话以及希腊神话的共通之处。尽管"知道"往往伴随着严厉的惩罚，但人类依然朝着"知道"的方向迈进。

九　最为重要的"死的现实"

将火带至这个世界是非常严重的事情，普罗米修斯所遭受的痛苦便是很好的证明。与此相比，日本的神话又如何呢？

在日本，伊奘冉尊这位伟大的女神生出了日本的万物，从国土到丘陵、平原等，最后在生"火"的时候，性器被烧伤而死去。

她的丈夫伊奘诺尊悲叹着"为了这一个孩子，我失去了钟爱的妻子"，随后追随妻子来到黄泉之国。

此故事的后续部分请容我于后文详述。首先关于火的诞生，仔细想来可以说是与希腊神话正好相反。在希腊神话中，神拒绝将火赋予人类。英雄普罗米修斯违背神意，为人类盗取了火种，但是正如前文所述，他也为此背负了巨大的苦难。

与此相对，在日本神话中，神却是不惜牺牲自己将火带给人类的（这本是讲述日本"神话时代"创世的故事，但我想也可以作为人类得到火的故事来分析）。伟大的母亲努力将万物赋予孩子。

在此，若将"火"作为意识的象征，即把它当作与"知道"密切相关的事物来看，就可以看出，圣经、北欧神话以及希腊神话都讲述了人类因"知道"带来的苦恼，而在日本，这种苦恼却是由神来背负的，人类只是轻松地接受而已。

我想这种故事恐怕是日本神话独有的吧！可以说，它与日本人"依赖心理"的根源密切相关。

我们可否安心地接受如此温暖的故事呢？当然，故事不会就此结束，非常重要的"火"的故事还有后续。

因妻子伊奘冉尊之死，伊奘诺尊追至黄泉之国。见到伊奘冉尊之后，伊奘诺尊让她跟自己一起回去，完成那尚未成形的两人共同创造的国度。

遗憾的是，伊奘冉尊已经食用了黄泉国的东西，如此一来，她就必须留在黄泉国了。她告诉伊奘诺尊，自己会去请求黄泉之神想想办法，但这期间他绝不能看自己。给伊奘诺尊留下这一禁制之后，伊奘冉尊就离去了。

然而，伊奘诺尊等不及妻子归来，在黑暗中，取下插在自己头发上的梳子，折断一个梳齿燃起了火。这"火"无疑是为了"知道"而点燃的。

借着这火的微光，伊奘诺尊看到的是妻子已经腐烂的尸体，爬满蛆虫，身体各处都蜷曲着雷神。看到这一幕，伊奘诺尊十分惊恐，急忙逃走，伊奘冉尊愤恨地说道："竟让我受此耻辱。"就派遣黄泉丑女去追赶伊奘诺尊。

伊奘诺尊是如何拼命逃跑的，在此略去不谈，总之最后伊奘冉尊亲自追来，伊奘诺尊历尽艰险勉强逃回人世，并将一块巨石堵在人世与黄泉之国的边界处——黄泉比良坂，与妻子离别。

伊奘冉尊留在黄泉之国里，对站在人世的伊奘诺尊说，她会每日杀死人间1000个人。随后，伊奘诺尊回答：倘若你如此做，我便每日在人间建1500间产房。

于是，自那之后，人世每日都会有1000个人死去，同时每日也都会有1500个人降生。

这个故事，非常明确地传达了"知道"这件事的恐怖。妻子阻止丈夫看自己的样子，然而，丈夫却打破了这一禁忌，看了不该看的东西。

这里，伊奘诺尊"看到"，即"知道"的是什么呢？应该可以从很多角度阐释，我想其中最重要的一点，大概是"死的现实"吧。

最后，伊奘诺尊在黄泉比良坂处放置了一块巨石，这意味着在此之前并不清晰的生与死的界限，因他的行为而明确了。死被明确地与生区分开来，死再也不能回归生，而是就此腐烂。

洛基的神话当然也与"死的认识"相关，但伊奘诺尊、伊奘冉尊的故事与"死的认识"之间的关联更加明确。

在圣经中，设下禁令的是父神，打破禁令的是女人。而在日本，下禁令的是女神，打破的是男人，在这一点以及由此引发的惩罚上，两者都有很大的差异。

父神降下的惩罚十分严厉，而母神设定的惩罚却立刻被男性调和了，可以说这里出现了对男性一方有利的妥协。果然，日本的故事还是变得稍微温暾了一些。

只要人类是自然的一部分，就必须要接受死亡。在这些神话中都体现了围绕死亡问题的思考。正如前文所述，在犹太教、基督教中，背负着"原罪"的人类，走上了反自然的道路。而在日本，更多考虑的是如何调和并背负——作为自然一部分的人类——必将走向死亡的悲哀命运。

十　日本人的原罪

身为日本人，很难深刻地体会"原罪"。虽说如此，16世纪沙勿略（Francisco Xavier）将基督教传入日本之时，基督教曾以迅猛之势在日本广泛传播。

众所周知，其后丰臣秀吉发布了驱逐传教士令，至德川幕府时期，又实行了前所未有的严格禁制，于是基督教在日本逐渐消失了。但我非常感兴趣的是，在基督教兴盛之当初，日本人究竟是如何理解"原罪"的呢？

这是因为如前所述，西方和日本之间存在着根本性的差异。

有一份资料引起了我的极大兴趣，这份资料解答了我的这一疑问。

过去人们一般认为，在幕府的大力取缔下，基督教在日本已消失无踪，但实际上在九州地区仍然存在着"秘密基督徒"，而这在今日是众所周知的事。

秘密基督徒在没有传教士的状态下，仅仅依靠自己的力量，将基督教信仰留存下来。当然，经历了漫长的二百五十余年历史，他们在基督教的流传中，逐渐完成了文化的嬗变。这确实很有意思。在此仅探讨其中我们所关注的"原罪"的部分。

秘密基督徒在保存基督教教义上依靠的是他们的一份名为《天

地始之事》①的文书，这是在1931年被研究者发现的。

文书中写道，"起初人们信奉代乌思（でうす，即宙斯）②，因他是天地之主，人间万物之父"，由此开始的这一部分内容和圣经《创世记》基本相仿。

这些内容原本是由传教士们传入的，这一点已毋庸置疑。但在二百五十余年的传播中，这些传入的内容，业已完成了在日本的文化嬗变。

接着往后阅读，我们会发现其中的确存在着与《禁忌之果》相似的故事。其中提到最初有一男一女，名叫"阿当"（あだん）与"艾娃"（ゑわ），显然，他们就是亚当与夏娃。

关于夏娃的出生，内容稍有变化，这里夏娃不是由亚当的骨头造出的，而是神分别创造了他们，并且命其结为夫妻。这或许就是因为日本人难以接受女人是由男人的一部分创造出来的。

正如前文所述，女神在日本占有重要的地位，因此出现这种变化也是理所当然的。

书中亚当和夏娃虽然也食用了禁忌之果，但诱惑他们的并非蛇，而变成了久斯亥露（じゅすへる，即路西法）。

按照《天地始之事》记述，自亚当和夏娃吃下禁忌之果后，宙斯出现了，对他们说那是"恶之果"，命令将他们赶出乐园。这时，两人请求宙斯无论如何都让他们再次享受"伊甸园之乐"。

"天帝闻言应允，令两人须反悔四百余年，之后将召其返归伊甸园"，由这里神的答复可以看出，尽管需要经过四百余年的漫长时间，但他们的罪最终会得到原宥。换言之，"原罪"消失了。

---

① 日文：『天地始之事』。——译注
② 现今，宙斯以及后文亚当、夏娃和路西法等名字的日文音译稍有不同，故在其后加括号注明文书中出现的日文名字表记方式。——译注

对此我深感震惊。对基督徒而言，"原罪"可以说是信仰的核心，若"原罪"消失不见了，那么要如何维系呢？

观察秘密基督徒的生活，可知他们十分重视历书。历书中对当日应该做何事，或者不应做何事都有着详细的规定。他们按照历书的规定，经历春、夏、秋、冬四季循环，度过每一天。

按照历书，对秘密基督徒而言，每年都会迎来一年中最沉重的日子"踏绘"①。这一天是所有秘密基督徒的罪日，这一天所犯下的严重的罪，要靠其后一年的清心生活来补偿。完成补偿之时，又会迎来下一个"踏绘"。

这尽管与罪密切相关，但这与基督徒一生背负原罪生存的形式却极为不同。

人类的人生观可分为直线型与圆环型两种。与基督教直线型的人生观不同，日本秘密基督徒的人生观则变为了圆环型，或者也可以说是循环型的。这与春、夏、秋、冬四季循环的"自然"影响密切相关，其中也包含着深刻的悲哀之情。

我在美国曾讲过关于这些秘密基督徒的事，当说到原罪的消失时，听众竟然鼓起了掌，让我大吃一惊。

随后，这些人对我说，"对于我们来说，原罪是多么的沉重，我们为此多么痛苦，恐怕你很难理解"。

的确，原罪无疑是沉重的，但若是失去了原罪的意识，感受不到悲哀，人类只是一味地重视"知道"，虽然世界在不断地"进步"，但它将会走向何方呢？对此我不禁心生忧虑。

---

① 江户时代幕府为了镇压基督教，让人用脚踩踏刻有耶稣或圣母马利亚像的木板（或金属板），以区分他们是否为信徒。——译注

第三章
"男与女"的深层

一 用二分法思考永恒的问题

如何看待男性与女性,这是一个永恒的话题。这个话题恐怕是永远无法解答的,一旦找到问题的答案,或许人生就会变得无趣。

但是,对男性与女性如何看待、如何定位,这在不同的文化以及不同的时代都存在着相当大的差异,即便是在现代,世界依然没有共通的标准。

当然,任何人都会认可男女之间存在着生理差异,但除此之外,似乎有更多的各种各样的差异被附加在男性与女性身上。

这些差异因何而生,又是如何产生的,我想通过神话来进行探讨。

上一章中已经谈到在创世之初,对光与暗、天与地等事物的区分意义重大。可以说,原本处于混沌状态的事物之二分化,是人类意识产生的起点。

之后人类的意识体系变得更加发达和复杂,但基于二分法的组合依然极其重要。

除了上下、左右、内外、强弱、高低等简单的二分法，还有善恶、美丑这类需要判断的事物，这些纷繁组合累加起来构建了意识的体系。

现代的电脑已经能够通过二分法的组合进行相当复杂的思考，由此也可以理解二分法的重要性。

但是，若将男与女的问题加入到二分法思考的体系内，问题就变得复杂起来了。

人类存在男女之别，这谁都知道，但是这一点原本独立于上述的区分之外。

然而，古代人在将自己的秩序建立在这个世界上时，男女的这种二分组合会与其他二分组合交叠起来。不同的叠加方式，其所建立的秩序是不同的，在这秩序中的人类，集体的世界观与人生观也会随之改变。

上文使用了"自己的秩序"这种表达，这是处于集体之外的表达方式，对于集体内的人而言，这就是"秩序"本身，打破这一秩序，便会遭到集体的排斥。

因此，在各种不同的文化中，才会产生诸如"男性应该如何""女性应该如何"之类的固定观念。

在我儿时，"男人不应该哭"这种观念十分强烈，使得爱哭的我遭罪不少，然而这一点其实根本不足挂齿，而且在王朝时代的物语中，男子无论喜悦还是悲伤，动辄便会哭泣。

根据人类文化学者的研究，"男性化的"和"女性化的"这类状态都不是与生俱来的，而是某种文化下的规定。这一点最近已是广为人知。

但这并不是说，男女在任何方面都是完全相同的，有差异是事实。而且人类家庭一般都由男女组成，在考虑家庭中的秩序时，男女或者说父母中的哪一方处于优势，这些都有极大的关联。

因而，男性与女性的问题的确是个复杂的课题。不同的文化对此是如何阐述的呢？

二　表明父性原理的决意

提到男女差异，对于古代人而言，首先最重要的一点便是女性能够生育，而男性不能。

女性妊娠生育，这期间倘若男性没有明确的作用，那么极端地讲，甚至可以说人类有女性就足够了，母亲生下孩子，其中的女儿长大后会再变为母亲，再生下孩子，如此血脉便可得到延续，因而，女性是中心，而男性则是从属于女性的存在。

而且，在农耕民族的生活中，大地孕育出的谷物一到冬天就会死去，但到了次年春天，又会重新生长出来，由此会感受到大地母亲无比的伟大。因而不难想象，在这种文化中伟大的母神会成为信仰崇拜的中心。

实际上，出土于欧洲基督教出现之前远古时代的土偶，夸张地表现了女性的胸部、臀部、性器等，恐怕那就是当时的大母神形象吧。

然而，当加入部落间的争斗等要素之后，身体强健的男性便开始逐渐处于比女性优越的地位。而且随着时代的发展，男性愈加想要展示其优越性。

此外，另一个很重要的问题，便是人与自然的关系。

生活在沙漠地区的游牧民，恐怕很难产生"与自然共存"以及"被自然环抱"之类的情感。对他们来说，"羊"即是自然，如何按照自己的意愿控制羊群，是他们面临的重要课题。或者可以说，若不能按照自己的意愿驱赶羊群，他们便无法生存。

在这种严苛的自然条件中，人很难产生被地母神环抱的感情。相反，能任意支配一切的父神的形象越来越强烈，这是理所当然的。

本来引领羊群的便是公羊，母羊和小羊都跟随其后。而且，人类中驱赶羊群也往往是男性的工作。小羊长到一岁左右，便会被决定是做头羊还是种羊，其他的小公羊都会被杀死。做决定以及杀死小羊的事情，这都是男性的工作。

因此，在这种文化中，父亲的作用越来越受到重视。

旧约第一章《创世记》中，讲述了关于男性与女性的内容。神用了七天完成了创造天地的工作，在第六天，神按照自己的样子创造了人，即按照神的样子创造了男人与女人。

但是，在第二章中对这一过程有着更加详尽的描述："耶和华神用地上的尘土造人，将生气吹在他鼻孔里。"之后神将人带到伊甸园，"使他沉睡，取下他的一条肋骨，又把肉合起来。耶和华神就用那人身上所取的肋骨造成一个女人，领她到那男人跟前"，也就是说，女人是用男人的一根骨头造出来的。

圣经在后文的叙述中提到，所有的孩子都是由母亲生出的，甚至基督也是由马利亚所生的。然而在犹太教及基督教中，最初的女性是由男性产生的，这一点很值得探究。

直截了当地说，由此能看出将男性的地位优越于女性作为秩序根本的这一意图。或者说这是一种将男性视角作为标准的意图更为恰当。

这些神话让我们感受到一种试图将反自然、支配自然的父性原理贯彻到底的意志。

三　女性使男性动心之处

大林太良在所著《神话学入门》（中公新书）[①]中曾提到爪哇神话中关于男女起源的如下描述。

创造神用黏土造人，首先捏了男人，然后想着"他独自一人无法在地上生殖繁衍，再为他造一个妻子吧"，但此时发现黏土用完了。"于是创造神取了月之圆满、蛇之蜿蜒、藤蔓之缠绕的态势、草之颤动、大麦之窈窕、花之香气、叶之轻快、麋鹿之目光、日光之舒畅愉快、风之迅疾、云之泪滴、绒毛之奢华、小鸟之易惊、蜜之甘甜、孔雀之虚荣心、燕子之柳腰、钻石之美丽以及雉鸠之啼鸣，将这些特性糅合在一起，创造了女人，并赐予男子为妻。"

可以看出这个神话中的男性是如何观察女性的，或者试图去观察女性，着实做了细致入微的描述。

造女人时黏土没有了，可以说这个情节寓意着男人想要看到女人的"实体"是多么的困难，以及男人会为看到的幻象而心动。如此便能理解故事的后续了。

故事后续是这样的。

之后，过了两三天，男人来到创造神那里，控诉女人喋喋不休，而且会因一点小事便抱怨，于是神将女人收走了。不久男人又来了，说独自一人寂寞难耐，因此神又将妻子还给他。男人再次来到神那里控诉女人时，神告诉男人，男女在一起生活需要他尽全力。

男人哀叹说："我和她无法一起生活，但没有她又无法活下去。"

[①] 大林太良:『神話学入門』，中公新書，1966年。中译本《神话学入门》，林相泰、贾福永译，中国民间文艺出版社，1988年。——译注

男人在自己对女人抱有的幻想与现实之间摇摆不定，最终得出结论："没有女人无法活下去。"

这个故事讲述了远古时代男人眼中的女人，尽管男人看到的女性形象中有诸多不如意之处，但最终也只能接受，因为这是神所为。显然，这个故事产生的目的是让男女能一起生活下去。

而在当今这个新时代，女人眼中的男人，看起来就是"大件垃圾""沾上就难以摆脱的湿落叶"；女人们认为"没有他，我也能活下去"，如此一来，究竟会如何呢？很遗憾，由此很难产生令人感觉幽默或深刻的故事。

一旦失去了幻想，人生也会失去很多乐趣，变得枯燥无味。

四　女性既是太阳，又能成为男性

二分法思考中一个重要的指标便是日与月。从自然科学知识的角度来看，它们绝不会是对比或对立一类的关系，但是在古代人看来，它们是非常明确的对立物，具有同等意义。

在现代，日与月哪个更重要已不再是一个问题，然而并非在所有的文化中，太阳都处于比月亮优越的位置。例如在热带，比起惠泽来，太阳更多是一种让人感觉残酷的存在。

在神话世界中，太阳是男性神，而月亮是女性神的情况占据压倒性的比重。西方象征主义的基本体系中存在着以下架构：太阳—火—主动—黄金—精神—男性，以及与之相对的，月亮—水—被动—白银—肉体—女性，二者的作用相互补充，但同时前者占据优势的状况比较多。

做出这种明确的区分，这原本就是父性原理式的思维，以男性目光来看，总会将太阳与男性相关联，明确表现出男性优势的思想。

而在日本，众所周知，太阳是女神，被称为天照大御神①。另一方面，月亮是男性神。这也显示出日本文化的多面性与多样化。

对此我在后文再做详述，首先值得关注的是"太阳是女性"这类神话自古就存在这一事实。

顺便提一下，将太阳表述为女神，这在世界范围内都是非常罕见的，据我所知，只在美洲土著因纽特人（Inuit）、切罗基人（Cherokee）以及犹他人（Ute）等部族的神话中存在。由此也能看出，在日本神话中，太阳是女神这一点，意义极其重大。

虽然男性更威风，但有些故事里女性也能变为男性。古希腊奥维德的《变形记》中，有一个"伊菲斯和伊安特"的故事。伊菲斯（Iphis）与伊安特（Ianthe）都并非神而是普通人，故事中神也发挥了重要作用，下面我来介绍一下这个故事。

在斐斯托斯（Phaestus）生活着一对夫妻，利格多斯（Ligdus）与特勒图萨（Telethusa）。妻子临近分娩时，丈夫说想要一个男孩，如果生下的是个女孩就不养活她。

但是，女神伊西斯（Isis）出现在妻子的梦中，告诉她不要听从丈夫的吩咐，无论生下的是男孩还是女孩都要养活。

之后特勒图萨生下了一个女婴，她欺骗丈夫说是男孩，取名伊菲斯，并把她当作男孩子抚养。

伊菲斯长到13岁时，父亲为她与金发的伊安特订下婚约。两人深深相爱，但是伊菲斯的苦恼日益加剧。

终于到了婚礼的前一天，特勒图萨不住地向伊西斯女神祈祷。于是"神殿的门震动了，女神头上新月形的角闪闪发光，并传来清

---

① 又名天照神、天照大神、大日孁尊、大日孁贵等。——译注

澈的声响"，这些都是伊西斯要现身的吉兆。

接着，离开神殿时，特勒图萨发现伊菲斯变成了男子。如此一来，伊菲斯与伊安特便喜结良缘。

这个故事中令人感兴趣的是，在"父系社会"的秩序下，父亲想要得到自己渴望的男孩，最终这一愿望得以实现，但是使它得以实现的却是伊西斯女神。

性转换的奇迹发生了，是在伊西斯、特勒图萨和伊菲斯，即女神—母亲—女儿这一关系链下发生的，父亲对此一无所知。

在父权至上、男性占据优势的价值背景下，实现父亲愿望的却是女性，这一点实在耐人寻味。

父亲因自己的愿望得以实现感到喜悦满足，而推动这一切、了解这一切的却是女神—母亲—女儿这一组合。

这个故事展示了男性与女性这组复杂的存在以及互相之间微妙的关系。

五 "性"无法被支配

男性为上还是女性为上，谁占据优势，这在神话中有不同的体现。也有的神话认为，尽管两者动辄便会产生纷争，但必须友好相处，我认为那实在是相当杰出的作品。那便是美洲土著纳瓦霍人的神话，故事梗概如下。

世上最初的男人名为阿尔萨哈斯汀，他的妻子是最初的女人阿尔萨阿斯嘉齐，丈夫为了妻子每日都全力以赴外出打猎。一天，他捕获了一头鹿，两人饱餐美味后，女人喊道，"啊，我的阴道，谢谢你"，感谢了自己的阴道。

男子很生气，他说应该感谢的是自己才对，但是女人说，男人拼命努力不过是为了女人的阴道，换言之，这其实就相当于是阴道在打猎。于是夫妻产生了争执，男子离家而去。

男子向村里的男人们宣扬说，女人们主张即使没有男人，她们自己也能活下去。因此，全部男人登上木筏渡河去了对岸。

男人们离开之后，女人起初好像也能够活下去，但日子逐渐变得艰难。于是女人中有人赤身裸体试图诱惑对岸的男人，也有人因试图渡河而死去。男人们也为抑制自己的性欲苦恼不已，对此这里暂且省略不谈了。

分开的第四年，阿尔萨哈斯汀经过反思，叫出阿尔萨阿斯嘉齐，问她："你还认为女人们自己也能活下去吗？"

女人回答说，"已经改变想法了"，于是双方互相认错，达成和解，又住到了一起。

这是一个篇幅很长的神话，这里仅做了大致的介绍。原文很长，而且冗长细致地讲述了关于性的内容。这个神话的特点之一，便是最终男女达成和解，关系变得和睦，而且不附带任何"条件"，并不主张哪一方更加优越，而是男女平等面对，最终迎来了圆满收尾的结局。

另一个特点便是其中关于性有着赤裸裸的描述。这大概是因为其中男女的和解是自然达成的，性也是自然的，因而神话中对于讲述这一自然的内容，并无任何抗拒以及躲闪之意。

如前章所述，圣经中曾讲到人类获得智慧之后，开始对自己赤身裸体感到羞耻。也就是说，为自然的样子感到羞耻。在这种文化背景之下，讲述性就会成为一种禁忌。

虽然可以说人类一直在支配着自然，但人却无法支配"性"。因而，在父权意识下，性的问题受到嫌恶，最终甚至发展到男人认为自己没有任何问题，是女人不应该来诱惑自己。

于是，女性甚至要被烙上"恶"的烙印，关于这一点，容有机会再做详述。纳瓦霍人的神话与这些相比——双方最终互相妥协、达成和解——要有智慧得多。

六　天照大神的智慧

纳瓦霍人神话中体现出非凡的智慧，但是其中事情的进展过于自然、过于顺利，而从某种意义上说，若一切过于顺利，则文字以及科学的产生都不再有必要。

从这个意义上看，"女性是由男性的一部分造出来的"，毋庸置疑，这一点十分勉强，但当今的文明却是基于这种文化而生的，这一点值得深思。

但是，我想当今地球的整体状况已显示出有必要重新思考这种父权意识了。

此时，太阳是女神的日本神话，便出人意料地具有极大的意义。

"太阳是女性"，这是否说明女性比男性地位更优越呢？其实也并非如此简单。

如果认为女性占据优势的话，那么就会像前述的地母神那样，男性在母亲—女儿这一永恒的循环链中，所能起到的不过是打打下手的作用。

然而，日本的太阳女神天照大神并非超出了母亲—女儿这一循环，而是她原本就是"父亲的女儿"。详细情节在此不再赘述，简而言之，天照大神是由其父伊奘诺尊的左眼中生出的。

她是不知母为何人的女性。因而天照大神的形象并非单纯显示女性的优越性，而是建立在女性与男性保持平衡的基础上的。

"父亲的女儿"，这是美国荣格学派的女性分析师关注的一个主题。

希腊神话中典型的"父亲的女儿"便是雅典娜。她全副武装、披甲执锐，高声呐喊着从父亲宙斯的头颅中生了出来。

她美丽而又强大耀眼。男人们不是想成为她的情人，而是以成为她的随从为荣。

在美国，有能力的女性乘着女性解放运动的大潮开始在社会上活跃起来，获得了财产和地位。但是，尽管得到了一切，她们却不满足，甚至很多人会感到不安与孤独。

她们来到心理分析师处求助，在咨询中我想她们应该注意到了，自己是"父亲的女儿"这一事实。她们努力过着自己的人生，但实际上在生活中一直遵循的是"父亲的价值观"，而从未思考过身为女性的自己独特的生存方式。

并非作为"父亲的女儿"，而是作为"独立的女性"生存，究竟应该怎么做呢？即便是有大量的侍从追随，女性也难免感到孤独、痛苦。

天照大神也是"父亲的女儿"，但她与雅典娜又有着巨大的差异。

雅典娜的父亲宙斯身为希腊众神之主，地位稳固。而天照大神的父亲伊奘诺尊则不同，在天照大神出生之后，他便迅速将高天原的统治权让给了天照大神，自己则归隐了。由此可以看出，他并没有试图确立父权意识。

从这一点而言，我们并不能用美国现代女性所说的"父亲的女儿"来称呼天照大神。

阅读日本神话，我们便会发现，这种男性与女性的微妙关系会随时出现在神话中重要的关头。总之，不刻意明确地区分二者，这是另一种智慧。

七　炙热爱情的结局

在本节我将从希腊神话中选取几个比较著名的，又可以反映男女关系各种形态的故事介绍给大家。

虽然都是尽人皆知的故事，但现在的年轻人中有人其实并未听过，而且，如果年轻人了解这些故事，可能在恋爱中犯傻的人就会减少很多吧。

首先，我要介绍一个炙热恋爱的典型。

皮拉摩斯（Pyramus）和提斯柏（Thisbe）是邻居，但是两家关系极其恶劣。城中尽知皮拉摩斯是巴比伦最俊美的青年，而提斯柏则是最美丽的少女。

两个年轻人陷入了热恋中，双方的家长却不允许他们结婚。但两家仅有一墙之隔，刚好那堵墙上有一道裂缝，于是那裂缝便成了两人互诉衷肠之处。

两人的感情不断升温，不再满足于仅仅通过语言来表达情意，于是他们相约到城外的尼诺斯墓地见面。提斯柏用面纱遮住脸，悄悄地溜出家门，来到约定好的地方等待恋人的到来。在她等候的时候，突然出现了一头狮子，狮子好像刚刚袭击过什么猎物，满嘴沾满了鲜血。

提斯柏在慌忙逃跑中遗落了面纱。狮子将面纱咬破了。

迟到的皮拉摩斯来到之后，发现沾满鲜血的面纱和狮子的足印，以为恋人被狮子吃掉了，于是拿起剑刺穿了自己的胸膛而死。而剑在穿透胸膛时喷溅出的鲜血，将旁边桑树的果实染得通红。

这时提斯柏回来了，她推测到恋人是因自己而死，于是也自杀了。两人的父母以及众神都深感悲痛，并同情他们的爱情，所以便将他们埋葬在一起，自此桑树结出的果实一直都是紫红色的。

听到这个故事，我想很多人会联想到罗密欧与朱丽叶的悲剧。热恋的年轻人受到双亲的反对，而且两人因误解导致悲剧，这些情节在两个故事中完全相同。

热恋大都以悲剧告终。但是也有人认为，热烈且纯粹的爱情以悲剧告终才能打动人，更有效果。

的确，倘若罗密欧与朱丽叶幸福地结婚了，结婚七年之际他们又会过着怎样的生活，想想这些确实觉得乏味。

恋爱很美好，但若是过于热烈，恋爱双方便容易失去理智，仓促做出决断从而导致悲剧发生。这一点不能忘却。

有的恋情如火焰般在短时间内迅速燃烧，有些却会平和持久。关于感情持久的夫妻，"鲍希斯和费莱蒙"便是非常有名的例子。

宙斯为了考验人类，带着赫耳墨斯（Hermes）装扮成人，来到人的世界旅行。这是弗里吉亚的一个小村庄。夜色渐深，两人请求村里的人留宿，但是村民们冷漠地拒绝了他们。

最后，贫穷的农夫费莱蒙（Philemon）和他的妻子鲍希斯（Baukis）尽管家贫如洗，却热情地接待了他们。

宙斯表明了自己的身份，带着农人夫妇来到一座小山的山顶。随后宙斯发起了大洪水，整个村子都沉到了湖底，而这对夫妻的家则变成了黄金神殿。

宙斯询问两人的愿望，他们商量之后对宙斯说，他们愿做这座神殿的守卫，又因为他们两人一直关系和睦，所以乞求宙斯让他们可以同时死去。

宙斯答应了他们的请求，任命他们作为神殿的祭司，让他们一直生活在神殿里。有一天，这对夫妻变成了菩提树与白蜡树，作为善良和睦的老夫妇的代表，一直伫立在神殿旁。

故事最后这两棵树的情节，让我们联想到日本高砂的松树。长久持续的两人的爱，已经超越了两人和睦生活在一起这个境界，而发展为两人的心向着两人以外的其他人开放，这是关键之处。

燃烧的火焰总会失去温度，而伫立的树木，尽管不燃烧却可以长久葆有生命力。

希腊神话中男女成对出现时，先提到男女哪一方的名字会根据场合有所不同。这个故事中，先提到女子鲍希斯的名字，这一点也颇有深意。

八　无缘的男女

谈起无缘而擦肩错过的男女，首先便会想到阿波罗（Apollo）与达芙妮（Daphne）的例子。

阿波罗与达芙妮的故事，始于爱神厄洛斯（Eros）的恶作剧。厄洛斯受到阿波罗的嘲笑，于是便生出报复之心，将引发爱情的黄金之箭射向阿波罗，并将抹杀爱情的铅之箭射向达芙妮。

于是达芙妮对恋爱与婚姻充满嫌恶，拒绝男性靠近。而阿波罗却不可救药地爱上了达芙妮，为了捕获芳心一直追逐着她。达芙妮不停地躲避，最后终于无法躲闪时，便向父亲河神求救，河神便将她变成了一棵树。

阿波罗无法与达芙妮结婚，便将她当作自己的树，用树上的枝条编成桂冠戴在头上。达芙妮变成的正是月桂树。

人类之间互生好感的情况比较普遍，一方对另一方抱有好感时，往往对方也会同时心生好感。但是恋爱却不同，恋爱中单相思的情况很多见。

这种现象，好像也只能用厄洛斯的恶作剧来解释了。

希腊神话中还有一个伊可（Echo）与纳西索斯（Narcissus）的故事。这故事表现的又是另外一种完全不同的形态。伊可是森林中的精灵，宙斯与情人幽会时让她做庇护，从而触怒了宙斯的妻子赫拉，于是赫拉惩罚她，不让她主动说话，只能应答。

伊可爱上了美少年纳西索斯，但她却无法自己开口同他讲话。终于伊可等到了纳西索斯先开口，但她只能以回音的方式应答纳西索斯的话语。她来到纳西索斯的身旁，伸出双臂想要拥抱自己爱慕的美少年。

但是，纳西索斯却甩开伊可，独自离去。

自此以后，伊可就住在洞穴以及山崖等地方，因为过度悲伤，她的身体渐渐消失了，只有余音缭绕。这便是回音的由来。

而纳西索斯的这种残酷，不只是对伊可，对其他精灵也是一样。

被他拒绝的少女们一起祈祷，使他爱上了映在水中的自己的倒影，从而溺水身亡。由此，孤芳自赏便被称为Narcissism，即"自恋"（"自恋"一词便来源于此）。

只能回应对方的话语，而无法自己主动搭话，伊可的遭遇令人同情，但现实中也不乏这类女性，而且现实中还存在与纳西索斯不同的、喜欢这类女性的男性。

当然，现实中只听到对方对自己话语的回声，却认为对方非常理解自己，是很优秀的人，因而结婚了，然而，婚后却发现对方缺乏自我因而后悔莫及的例子，也是存在的。

九　处女神的愤怒

神话中还有一种类型，不是讲男女之间的恋爱，而是关于男性入侵女性的世界，并强行夺走她们的女儿。

例如，当大地母神得墨忒耳（Demeter）的女儿珀耳塞福涅（Persephone）在野外摘花时，冥界之王哈得斯（Hades）乘坐四轮马车从地下出现，强行将其掳走了。

这一类男性入侵女性世界的故事在世界各地广泛存在。

在母权或者说母系社会中，母亲和女儿的关系更加紧密，男性的存在感极为微弱。因而这类故事应该是产生于从母权、母系社会向父权或者说父系社会变化之时。

希腊神话中的珀耳塞福涅的确是被成功掳走的，但也有防范住男性入侵的类型，这一点着实有趣。

阿波罗的孪生姐姐阿耳忒弥斯（Artemis）是处女神，擅长狩猎，常常带着侍女们一起在林莽山野间自由徜徉。

一天，阿耳忒弥斯正与侍女们一起在山中洗浴，阿克泰翁（Actaeon）无意中也到了那里。阿克泰翁很喜欢狩猎，他带着猎犬狩猎时不小心闯入了阿耳忒弥斯的洗浴之处。

侍女们看到阿克泰翁十分吃惊，立刻用自己的身体遮挡住阿耳忒弥斯。阿耳忒弥斯被侍女们围着，依旧用水泼向入侵者的面部，并说"别以为你能向别人炫耀你曾经看到过阿耳忒弥斯的裸体"。

于是阿克泰翁的头上立刻生出牡鹿的角，转眼间他就变成了一头鹿。而看到牡鹿，阿克泰翁的猎犬蜂拥而上，追赶牡鹿并将它撕成碎块，丝毫不知那就是自己的主人。

这个故事的确十分残酷，但同时也反映了处女神阿耳忒弥斯对男性闯入自己的世界是多么的愤怒。

精神分析学中的"狄安娜独身情结"一词，便来源于这个故事，这个词借用了阿耳忒弥斯的罗马名"狄安娜"（Diana）。

"狄安娜独身情结"，是指极其自立，能像男性一样工作的女性身上带有的或拒绝男性抑或想要让男性屈服于自己的情结。

当然在现在，女性已经获得了相当强的自立性，因而似乎也不像过去那么频繁地提及"狄安娜独身情结"这一术语了。

有自立性是好的，但要夺取接近自己的男性的性命，这一点还是颇有问题的。

十 "心"与"爱"相结合

前面讲述了不少男女无缘而擦肩错过的爱情悲剧，当然神话中也有幸福婚姻的例子。珀耳修斯（Perseus）与安德罗墨达（Andromeda）的故事便是其中的典型。少女安德罗墨达即将被献祭于怪物之际，英雄珀耳修斯打败了怪物救下少女，然后两人成婚了。

这成了欧洲最基本的一种故事形态。之后欧美所出现的大量的英雄传说，可以说大都承袭自这个故事。

然而，这个故事中的女性过于被动，她被怪物捕获之后，只是一味地等待着英雄来救助自己。

正如荣格派心理分析家埃利希·诺伊曼（Erich Neumann）所主张的那样，这里确立的自我意识，无论是男性还是女性，都是以"男性英雄"的姿态出现的。

这是因为在欧洲，一直以来都是男性原理占优势，倘若重视女性原理又将如何呢？或者说在分析"女性意识"时，仅仅依靠这类英雄神话来分析，往往会出现这种偏重男性的结果。近年来学界也开始反思这个问题。

其实，"埃莫尔与普赛克"（埃莫尔为厄洛斯的罗马名）的故事非常适合用来分析这些问题。在此若是详细叙述篇幅将会过长，而且关于这个故事的详细分析，诺伊曼在他的著作《埃莫尔与普赛克》[①]中已经做了详尽分析，在此仅就要点做简略的梳理。

普赛克（Psyche）是一个国王膝下三个女儿中年纪最小的一位。因她十分美貌，所以很多人对她就像对美神阿芙洛狄忒（Aphrodite）一样尊敬。于是招致了阿芙洛狄忒的盛怒，她派遣儿子厄洛斯去试图给她教训。然而，厄洛斯一见到普赛克，便对她一见钟情。

普赛克的两个姐姐也都是美人，而且都嫁给了王子。普赛克一直没有结婚对象，于是她的父母便去乞求阿波罗的神谕，得到的回答是，"让她与待在山顶的怪物结婚"。

双亲悲叹不已，但普赛克决定遵从命运的安排。

普赛克在山顶上等待时，西风之神仄费洛斯（Zephyrus）轻柔地将她带到了一个美丽的山谷。

普赛克一觉醒来，发现自己置身于一所无与伦比的宫殿中。有一个不见身影的声音告诉她，她是这所宫殿的女王，声音是她的侍从，随时听从她的吩咐。

普赛克完全没有想到，她会在这所宫殿中过上世间罕有的舒适生活。

普赛克的丈夫夜晚到来，黎明便会离去，尽管从未向妻子展露真颜，却真心疼爱着普赛克。

普赛克虽然很想看看丈夫的样子，但是丈夫对她说，两人相互

[①] エリック・ノイマン著，河合隼雄監修、玉谷直實、井上博嗣翻訳：『アモールとプシケー』，紀伊国屋書店，1973年。——译注

深爱比起相见更重要，普赛克便一直遵从丈夫的吩咐。

一天，普赛克告诉丈夫，她想见见自己的姐姐，丈夫答应了她的请求，让西风带来了普赛克的两位姐姐。

看到普赛克的生活，姐姐们十分嫉妒，她们对普赛克说，她的丈夫一定是怪物，并怂恿她点灯偷看一下丈夫的样子，如果是怪物的话，就立刻拿刀割断他的脖子。

姐姐们离去之后，普赛克听从了她们的建议，夜里她等丈夫入睡之后，拿着灯偷看丈夫的长相。结果发现丈夫不但不是怪物，相反，他容貌非凡，充满魅力，他是爱神厄洛斯。

普赛克被丈夫的容貌吸引，想一直看下去，她将灯靠近丈夫时，蜡烛油滴在了厄洛斯的肩膀上，惊醒了他。

厄洛斯立刻展翅飞走了，普赛克无法追上。

厄洛斯对妻子说：我不惜违背母亲阿芙洛狄忒的意愿与你结婚，但既然被你看到我的容貌，就只能永别了。

普赛克哀伤不已，心想唯一的办法只有去打动阿芙洛狄忒的心，于是她来到阿芙洛狄忒那里，成为她的侍女。阿芙洛狄忒故意刁难她，不断交代给她一些难以完成的十分艰难的工作。

首先，她让普赛克去一个仓库，把那里混在一起的各种谷物分拣清楚。而普赛克最终在蚂蚁们的协助下顺利完成了这个任务。

接着，阿芙洛狄忒又吩咐普赛克去把混在野生羊群中长着金色羊毛的羊身上的金羊毛取来。这次普赛克又依靠河神给出的建议，也成功做到了。

阿芙洛狄忒依旧不满意，又命令普赛克去冥界见珀耳塞福涅，恳请她分一些美貌给自己。

普赛克心想，若要去冥界只有自己死掉，除此以外别无他法，于是她便登上高塔一跃而下，试图借此死去。但这时，高塔发出了声音，指引她找到了珀耳塞福涅，并且得到了装着她美貌的宝盒，踏上了归途。

"声音"忠告过她绝对不能打开那个盒子，然而普赛克心想，自己若能得到盒中的美貌变得更美，丈夫一定会更加喜欢自己，于是她打开了盒子。可盒中装的是冥界的"睡眠"，因此普赛克就陷入了沉睡，如同死去一般。

得知这个消息的厄洛斯匆忙飞来，将普赛克体内的"睡眠"收集起来，重新装回到盒子里封存起来，然后用箭轻轻地碰了一下普赛克，她被唤醒了。

之后，普赛克拿着盒子去交给阿芙洛狄忒，厄洛斯则去找父亲宙斯，请他帮忙平息母亲的怒火。

宙斯与众神商议后，决定帮忙斡旋两人的关系，他赐给普赛克"神馔"，普赛克服用后变成了神体，然后宙斯允许他们两人结婚。

如此两人终于正式结婚了，举办了盛大的婚礼。两人之间足月降生的女儿被取名为"喜悦"。

故事的结局是多么幸福圆满啊！然而将这个故事与珀耳修斯和安德罗墨达的故事做一个比较，便会发现这个故事显而易见是"女性的故事"。

这个故事可以分为序章、伴随死亡的婚礼、打破禁忌偷看丈夫容颜、达成阿芙洛狄忒的任务、幸福的结局这几个阶段，下面我想简单分析一下这几个阶段的意义。

首先必须要强调的便是"伴随死亡的婚礼"的意义。原本对于女性而言，结婚便意味着少女之死以及作为妻子的再生。因而，不同文化中很多地方的结婚仪式，都与葬礼有着类似之处。

在日本，新娘的装束"白无垢"原本也是"死之装束"。"伴随死亡的婚礼"中首先有着死亡之哀伤，体验过这个哀伤之后，才进入与厄洛斯的美好的婚姻生活。

在现代的一些发达国家，婚礼中所蕴含的死之哀伤已被忘却，只强调喜悦之情，这是一个很大的问题。从而造成婚礼时未曾体验的"死"，在婚后不久便不得不去体验。无法忍耐这种像"死"一样的痛苦而选择离婚的痴人也是有的。

普赛克接受了"伴随死亡的婚礼"这个命运的安排。

尽管之后她主动做出种种努力，但故事起初所突显出的普赛克逆来顺受的被动性，也有着极为重要的意义。

因为起初她的被动，结婚后迎来的幸福是与丈夫"素不相识"的幸福。随后，普赛克便在姐姐们的唆使下偷看了丈夫的容颜。

在这里，代表"恶"的姐姐们的行为促使普赛克去成长，这一点不容忽视。尽管因此普赛克要体验相当多的苦难。

之后由阿芙洛狄忒所给予的试炼，对普赛克来说也是必要的。将普赛克得到的试炼与神话中男性英雄被赋予的试炼做一个对比，这也是十分有趣的课题，在此且略去不谈。

在故事的最后，普赛克没有遵守忠告，选择打开了盒子，这也是很重要的。这意味着她决意与母神阿芙洛狄忒之美相对抗。

当然，这种对抗是伴随着危险的，但在厄洛斯的帮助下，最终获得了幸福的结局。普赛克的"心"与厄洛斯的"爱"，心与爱的结合诞生了"喜悦"，这种设置令人认可。

第四章
亲子间的纠葛

一　打动童心的故事

孩提时代读过的故事中总有一些会给我们留下深刻的印象，令我们难以忘怀。于我那是儿时读过的一套由ARS发行的一套"日本儿童文库"系列。虽然在乡间很罕见，但我家当时拥有全套，因此小时候的我，便一直在这套书中挑选了自己喜欢的故事阅读。

这个系列中有一本《世界神话传说集》①。其中有一篇题为《四粒石榴籽儿》的故事莫名地吸引着我，一直深深地留在了我的记忆中。

这个故事与《格林童话》以及《一千零一夜》不同，并非读完就感觉有趣的类型。其结局不圆满，也没有英雄活跃其中。然而，这样一个故事却深深地吸引了儿时的我，触及我幼小心灵的深处，给我留下了深刻的印象。

直至成年之后，这个故事依旧让我记忆深刻，多年之后，我到

---

① 松村武雄[他]著:「世界神話伝説集」，アルス出版，1929年。——译注

荣格研究所留学，听了关于神话的讲义，才知道那是极为重要的古希腊神话中的一篇。待我明白其重要意义之后，也终于明白了这个故事为何会让我如此记忆深刻。大多数人都知道这个故事，因此这里只做简单梳理。

在前一章曾提及的大地女神得墨忒耳的女儿珀耳塞福涅（意为女儿，又被称为科莱Kore）在春天的牧场采摘鲜花，她试图去摘一朵水仙花，而实际上这是主神宙斯为了让她成为冥王哈得斯的王妃而设下的圈套。

珀耳塞福涅一摘下那朵水仙花，大地立刻就裂开了，乘坐黄金马车的哈得斯出现了，他将珀耳塞福涅掳走带到了地下世界。失去了最爱的女儿，得墨忒耳四处寻找，但怎么都找不到。

终于，得墨忒耳得知这是宙斯的阴谋，极为愤怒，她离开众神居住的奥林匹斯，到人间游荡。

女神化身成老婆婆在人间游历时，被厄琉息斯（Eleusis）的国王克勒俄斯（Celeus）邀请至王宫。女神因失去女儿的悲伤陷入沉默，不食也不语。此时国王的侍女伊阿姆柏（Iambe）做出各种滑稽的动作使她为之展颜，并敞开了心门。

之后，得墨忒耳成为克勒俄斯的儿子得摩丰［Demofeng，一说为特里普托勒摩斯（Triptolemos）］的乳母。为了将得摩丰变为不死之身，得墨忒耳每天晚上都将他放入火中淬炼，试图烧尽他身上会死亡的部分。一天，当她正在灼烧得摩丰时却被人发现了。

人们误以为乳母要杀害孩子，之后女神显出本体，震惊了世人。

由于女神一直未返归神界，大地上万物荒芜，家畜也不再繁殖，人们无比困扰。于是宙斯命令哈得斯将珀耳塞福涅还给得墨忒耳，让她返回地上。

然而，此时哈得斯心生一计，在珀耳塞福涅即将离开之际，劝她食用石榴籽儿。毫不知情的珀耳塞福涅吃下四粒石榴籽儿后，回到了母亲的身边。

但是，冥界有一条法则，食用了冥界食物的人，便无法斩断与这个国度的缘分。

于是，正如哈得斯所策划的一样，珀耳塞福涅必须要返回地下。但若是如此，大地便会一直荒芜，于是宙斯想出一个双方相互妥协的办法，即珀耳塞福涅食用了四粒石榴籽儿，那么便每年在地下与丈夫一起生活四个月，其余的八个月回到母亲的身边。

因而，一年中有四个月，得墨忒耳使大地万物停止开花结果，进入冬天，其后会再迎来春天，这便成为每年往复循环的季节变换。

以上便是《四粒石榴籽儿》的故事，正式名称应该是《得墨忒耳与珀耳塞福涅（科莱）》的故事。这个故事中一定包含了一些打动童心，给他们留下深刻印象的要素。我想这要素便是下文我们所要探讨的人类存在方式的本源吧。

二 母女间牢固的一体感

探讨人类精神史时，母亲与女儿的一体感是其中最基础的要素。

孩子毕竟都是由母亲生下的，这是绝对的真理。因而，如前文所述，母神在全世界的神话中都占有极为重要的位置。前文我们已经论及应如何看待男性的存在。

当我们关注母亲的伟大之时，会首先注意到母→女这一连接的重要性，因为一旦母亲生下女儿，即使母亲在不久后逝去，她生下的女儿会再成为母亲，再生下女儿，如此这个家族就会一直延续下去。甚至可以说，只要有母亲就可以了，因为女儿有一天也会成为母亲，由此可知母女间的这种一体感的重要性，可以说这便是人类永存的根基。

其中，基本意识不到男性的存在，而且，因为母女是一个整体，这也意味着两者并未作为各自独立的女性被认知。

想要打破这种一体感，意识到女儿是与母亲不同的独立的存在，这需要男性出场，由他来打破母女这个具有牢固一体感的连接。其实这便是"得墨忒耳与珀耳塞福涅"神话故事的基本架构。

这意味着对这个世界而言，强大的男性哈得斯的入侵是十分必要的。男性所拥有的、打破的能力会发挥作用。

神话中的这种现象在现实生活中是如何体现的呢？

那是很久之前发生的事情了，一位女学生来到我所在的学生咨询室做心理咨询。她说自己因"地震恐惧症"不敢出门，而期末考试马上就要到了，这样下去恐怕只能留级了。因此，当日她下了极大的决心来找我。

在详细询问的过程中，我了解到那位女学生，出生在一个条件优越的家庭，她只要待在父母身边，便可一帆风顺，拥有令人羡慕的婚姻；按照父母的安排结婚，便可迎来圆满的人生了。但这位女学生说她无论如何都想体验新的生活，于是她说服了父母考入大学。在当时，乡下女子考入四年制大学还是很罕见的。

她的诉说使我立刻联想到珀耳塞福涅的故事。她所说的"地震恐惧症"，患者会突然感到房间晃动，认为地震来了，但安定下来之后，又会察觉其实晃动只是自己的错觉，这种状况每天会出现好多次，使患者产生了巨大的恐惧感，因而完全无法外出。

这种状态，我想可以解释为在她的精神世界里，强大的哈得斯正在现身。当然这仅仅是我内心的思考，在咨询过程中，我当然没有告诉那位女生，而只是安静地聆听她的诉说。

那之后，她持续来找我咨询，大概是我的聆听让她感到安心的缘故，不久她就"不再感到地震发生了"，但同时又出现了其他令她恐惧的事物，那便是男同学的存在。以前对于男同学她未曾有特别的意识，只是把对方当成一同学习的学友。但是，自从意识到男同学是异性，便开始感觉无比恐惧，甚至无法坐在邻座。

又经过几次咨询之后，她对于去大学不再恐惧了，甚至变得期待。她说那是因为"交到了新朋友"，随后又补充了一句"是男生"。

我很吃惊，问她"你是不是交到男朋友了？"她连连否定，"不是，不是，不是男朋友，只是一般朋友。只不过那个朋友碰巧是男性而已"。通过她的案例，我感到在她试图打破母女一体的世界，作为独立的一名女性存在时，果然还是有男性发挥了作用，但她本人是通过巨大的恐惧感，预感到这一点的。

母女的一体感是极为牢固的，即使女儿结婚之后，这种强大的心理上的结合，也不会轻易被打破。每当遇到一些状况时，女儿便会试图回到母女结合的世界，这有时也给周围带来困扰。

例如，有些家庭中男性在母女联军的包围下，存在感会变得越来越弱，有时甚至还会在心理上被疏远。

三　大女神受难

上节中谈及希腊神话《四粒石榴籽儿》的故事，其实日本神话中也存在与其架构基本相同的故事，作为日本人应当有所了解。

那便是讲述日本神话中伟大的女神天照大神受难的故事，即

《天之岩洞》的故事，我想，了解这个故事的人一定有很多，在此仅做简单概括。

天照大神与她的弟弟素盏鸣尊①都是他们的父亲伊奘诺尊所生。父亲命令天照大神治理天界高天原，而让素盏鸣尊治理海之国。但是素盏鸣尊违抗了父亲的命令从而被放逐。

素盏鸣尊说要去向姐姐辞行，去拜访住在高天原的天照大神。天照大神误以为弟弟要来抢夺自己的国度，因此全副武装，严阵以待。

素盏鸣尊对姐姐解释说，自己只是来辞行的，但天照大神无法相信。于是两人商定了一个办法，来测试谁的心更纯洁。天照大神取过素盏鸣尊的刀，嚼碎之后吐出孩子，而素盏鸣尊则把天照大神的勾玉嚼碎吐出了孩子。

关于结果有各种不同的传说，但依照《古事记》，由素盏鸣尊的刀孕育出的是女孩，从而证明了他的心灵是纯洁的。

素盏鸣尊欣喜若狂，由着自己的性子撒欢儿，当天照大神在织坊中织布时，他抓住一匹马，剥去皮后扔进织坊，正在织布的织娘见状惊慌逃跑时，被梭子穿入性器而亡。

天照大神惊恐不已，便躲进了天之岩洞，再也不肯出来。高天原立刻陷入一片黑暗中，令众神苦恼不已。于是，诸神聚在一起想尽办法，引诱天照大神从岩洞中出来，使之再次回到这个世界。

故事中的具体情节在此且略去不谈，但有一点需要强调一下，在故事的结尾，天钿女命赤裸身体跳起了舞蹈，引得众神大笑不止，天照大神听得很诧异，终于忍不住从岩洞中出来，一探究竟。

在日本神话中，没有素盏鸣尊对天照大神施暴一类的情节，而

---

① 又名须佐之男命、须佐之男、速须佐之男命等。——译注

且出场的只有天照大神一人,并非母女。因此,或许会有人认为,这与希腊神话差异较大。

然而,在《日本书纪》中的相关部分,记述到素盏鸣尊将马投掷过去,从而导致被梭子贯穿而死的那位女神,名为稚日孁。

天照大神又被称为大日孁,因此有人推断稚日孁应该是天照大神的女儿。

此外,还有一点值得注意的是,在希腊神话中,做出各种滑稽动作逗得墨忒耳展颜的伊阿姆柏,也露出了性器。

露出性器引人发笑这一类型,与天钿女是相同的。在此,"笑"这一行为导致世界被打开,与由冬入春、由黑暗世界变为光明世界的"打破"相关联。

母女一体被打破,女儿作为脱离母亲的个体得到确认,这昭示着老一代母亲的死亡与新一代母亲的诞生,是"死亡与重生"的一种形式。

这种"死亡与重生",就自然现象而言,入夜意味着死亡,而翌日清晨太阳又会"重生"。此外,入冬之后,死亡的植物到了次年春天又会"重生"。

天照大神的天之岩洞神话以及得墨忒耳与珀耳塞福涅的神话,也讲述着"死亡与重生"的故事。

四 "父亲的女儿"之反省

即便女儿脱离母亲成为独立的存在,她最终仍然会成为母亲,从这个意义上来看,这是一种周而复始的循环。因此不得不说,这些神话中体现出的前述"神话的智慧",在人类成长为个性更加突出的独立的人这一方面,是存在不足的。

思考这些问题时，以男性神为主角的神话可能更为适合。

在近代，西方便开始重视独立的自我的确立，这从神话角度而言，表现在男性英雄神的形象上（关于这一点容我于后文详述）。于是，在欧美，女性越是尽力去确立自我，便更容易活成男性英雄。

的确，让我们看一看现代美国的女性，她们丝毫不比男性逊色，在各行各业中都与男性相比肩，甚至比男性还活跃。但正是从这些获得成功的女性中，有人开始了新的反思。

关于这一点，第三章中也稍有提及，荣格学派的女性心理分析师在自己的著作中也曾提到，一些在社会上获得成功的女性，其内心存有极深的痛苦，所以来找心理咨询师咨询，而通过与她们交谈，女性咨询师反过来也开始思考自己的生存方式。

荣格学派女性心理分析师西尔维亚·布林顿·佩雷拉（Sylvia Brinton Perera）在论述现代美国女性心理的课题时，使用了"父亲的女儿"这一用语（《神话中女性的觉醒》，杉冈津岐子等译，创元社出版①）。据她所说，现代美国社会中成功的女性，大都属于"父亲的女儿"。

也就是说，现代的女性也努力采用一般被称为"父性原理"的思考方式，即明确分清事物的黑白、善恶等，一味地追求肯定性的一面，而排除负面的另一端，拼命达成更加独立自主的生存方式这一目标。

但是，在欧美，很久以来，这种以父性原理为根基的生存方式，只有男性才有可能实现，女性基本不可能达成。而到了现代，通过女权运动等，女性们主张自己也能与男性同样在父性原理下生

---

① シルヴィア・B.ペレラ著，杉岡津岐子ほか訳：『神話にみる女性のイニシエーション』，創元社，1998年。——译注

存。而实际上，的确有很多女性"成功"了。

她们与缺乏同情心的男性争斗，在以父性原理为主的社会中，努力竞争以获得成功。在这个过程中，女性是完全没有问题的，可是，一旦获得成功之后，她们便无法再感到满足。

她们开始感觉这不是自己原本的样子，甚至有人会陷入深深的不安与孤独中。换言之，她们开始发觉这不是自己生来的样子，而是作为"父亲的女儿"，按照父亲的意志生存的。

这里所说的"父亲"并非指某个个体，而是代表支配西欧社会，尤其是整个美国社会的"父性原理"。那么女性究竟如何才能不再作为"父亲的女儿"，而是作为原本的女性，成为独立个体的女性生存呢？

五 古代东方的智慧

在思考作为"独立个体的女性"的生存方式时，荣格学派的女性分析师们所关注的是，比古希腊更远古的古代东方的智慧。

若是详述则篇幅将会过长，在此姑且省去细节，简略地介绍前文所提及的女分析师西尔维亚·布林顿·佩雷拉关注的一篇苏美尔的神话——《伊南娜下冥界》，这篇神话也是关于大女神受难的内容。

大女神伊南娜（Inanna）下到冥界，她去冥界的原因并不确定。在她出发去冥界之前，曾叮嘱侍女宁可玻（Nincurba）：倘若自己三日之后仍没有返回，便去向众神求助。

伊南娜下冥界前，虽然得到了姐姐冥界的女王伊瑞绮嘉拉（Ereckigala）的许可，但抵达冥界之后，身上的配饰及衣物仍被悉数取走，变成一丝不挂，最终又变成尸体，被挂在木钉上。这的确是极大的受难。

三天后，侍女宁可玻去向诸神求助，但是诸神都无意救助。最终宁可玻去恳求父神恩基（Enki），恩基用指甲缝里的污垢创造出生命，救了伊南娜，并将她从冥界带回。但回来之前，冥界要伊南娜留下自己的替身。

冥界的恶灵要伊南娜留下侍女宁可玻和伊南娜自己的儿子作为替身，然而受到伊南娜的拒绝。随后，当伊南娜得知丈夫杜姆兹（Dumuzi）在自己受难时丝毫没有牵挂之心，仍旧依恋其享受的生活，她便决定让他做自己的替身。

这时杜姆兹拼命地逃跑，向自己的姐姐葛丝堤安娜（Gestinanna）求救。最终，决定由杜姆兹与葛丝堤安娜轮流留在冥界半年，事情才得以解决。

故事可能讲述得过于简略，这也是大女神受难的故事类型。这个故事与得墨忒耳的故事不同之处在于，伊南娜下到冥界的理由并不明确。

在得墨忒耳的故事中，入侵的哈得斯与作为调解者的主神宙斯均为男性，因此佩雷拉指出这个故事尽管是母女的故事，但同时也是"男性视线"下的故事。

相比而言，伊南娜的故事是"女性视线"下的女性故事。得墨忒耳是丰收女神，而伊南娜比她的身份复杂得多。

关于伊南娜，佩雷拉认为她身上带有"丰收、秩序、战争、爱、天界、治愈、情爱以及歌之女神的力量"，是各种矛盾要素的集合体。并指出，最能清楚地表达她的形象的，大概就是"处女娼妇"了。或者，在这里也可以使用"圣洁的娼妇"这种表达方式。

排除矛盾、明确分类，是"父性原理"的重要特征。如果所谓的父性意识是指对各种事物进行明确的划分，"支配"并"操作"

其中肯定性的部分，从而达到"进步"的目的的话，那么，母性意识便是包含所有，即不加以明确区分，而是接受所有。

佩雷拉指出"伊南娜的包容是主动的"。

对伊南娜而言，首先最重要的便是受难。这种受苦并非被他人强制，而是故事便始于受苦。佩雷拉将其与基督的受难做了比较，指出"伊南娜的受难，并非由于人类的罪恶，而是为了大地所需要的生命与再生做出的自我牺牲"，在伊南娜的故事中，重要的"并非善恶，而是生命"。

经历了这种受难后，伊南娜再次返归天界，而地上世界与地下世界，由杜姆兹与葛丝堤安娜，即男性与女性的组合交替前往。这与"父性原理"崇尚的"进步"，是完全不同的。

在当代美国，正在重新评价这种女性的受难，这一点值得关注。

六　亲子相杀的背后

关于讨论至今的母性，过去曾经一提及母性便都是从正面评价。但在考虑女性自立的问题时，人们开始意识到母性所附带的负面内容。母性中的负面要素过强，便会导致无暇顾及孩子。

最近，虐待儿童作为一个社会问题越来越受到关注。这个问题在美国，自很久以前便得到重视，今天在日本，终于也开始受到重视了。

父母爱护自己的子女是人性使然，那么为何会出现虐待儿童的现象呢？有人对此感慨不已。的确，这种感慨不无道理，但当我们阅读神话时，其中讲述的众神亲子之间的激烈纠葛，会更令我们惊异。

想想看，可以说抛弃孩子的故事在全世界都存在。而且，在有些故事中，故事情节会演化成被抛弃的孩子反过来杀自己的父母。关于这类故事的典型，必然要提到众所周知的俄狄浦斯的故事。该故事的情节想必大家都很熟悉了，在这里仅做概括介绍。

虽然这个故事的主角是人类，但它也属于希腊神话的一部分，因此有必要加以探讨。故事情节虽有各种不同版本，但基本梗概如下。

忒拜的国王拉伊俄斯（Laius）得到了将被要出生的儿子杀死的神谕，但他最终还是和妻子伊俄卡斯忒（Jocasta）交合，随后生下一个男婴。于是他用钉子钉住男婴的双踵之后将他丢弃了。

然而，男婴被牧羊人捡走，后来成为邻国的科林托斯国国王的养子，被抚养长大。由于他的双足受伤肿胀，从而被取名为俄狄浦斯（Oedipus），意为肿胀的脚。

俄狄浦斯长大成人后，也从德尔菲神殿的阿波罗神那里得到了神谕，说他会弑父娶母。为了避免神谕成真，以为科林托斯王是自己父亲的俄狄浦斯决定不再返回科林托斯，而是去往邻国忒拜。

人类为了摆脱神谕的命运而努力，但这种努力最终反而会促使神谕的应验，这个故事便是这一类的典型。进入忒拜的俄狄浦斯，在山路上偶遇一位老人，并与他发生了争执，最终杀死了他。而那位老人正是忒拜的国王，即俄狄浦斯的亲生父亲。

当时，忒拜正被怪物斯芬克斯（Sphinx）折磨。斯芬克斯给人们出了一个谜语："拥有一种声音，会从四足变成两足再变成三足的是什么？"回答不出来的人就会被吃掉。俄狄浦斯猜出了谜底，回答"是人"，从而使斯芬克斯退去，而他也因此成为忒拜的国王，并在不知情的状况下，娶了自己的生母伊俄卡斯忒为妻。

俄狄浦斯的身份大白天下之后，母亲伊俄卡斯忒羞愤自杀，俄狄浦斯也刺瞎了自己的双眼，成了盲人。

这个故事因被索福克勒斯（Sophocles）写成悲剧《俄狄浦斯王》而变得有名，弗洛伊德观看这部戏剧之后从中得到启发，提出了"俄狄浦斯情结"，从而使得这个故事更加为人们所熟知。

弗洛伊德认为，男性在孩童时期都怀有想和自己的母亲结婚的愿望，对父亲抱有敌意，并且心里怀揣着害怕被父亲惩罚的不安。这种情感纠葛会暂时从心中消失，但是上述的种种情感会成为一种情结，存留在男性的潜意识中，并在他们成年之后，依旧会影响他们的行为。

弗洛伊德认为人类普遍存在着俄狄浦斯情结。

在弗洛伊德将这种见解公之于众后，一度遭到多方质疑，很多人受到冲击，从内心拒绝接受。而随着时间的流逝，这种学说逐渐被人们广为接受。

总之，这种俄狄浦斯情结的特征之一是存在于人们内心深处的潜意识。一般情况下，人们并不能意识到它的存在，在某种状态下受到激发才会被人们意识到。起初对这一理论颇不以为然、不能接受的人，有时也会通过自己的经历，意识到这一理论的合理性。

生活中有些既有能力又有准确判断力的人，有时也会在处理与上司关系时，失去平素的判断力，突然变得极具攻击性，对上司做出原本可以避免的叛逆行为，结果甚至有人因此而丢了工作。

在对这些人进行观察之后，我想他们之所以会有如此举动，是存在于他们潜意识里的俄狄浦斯情结的缘故。

父亲与儿子的对立颇有强力，这种对立的模式会作用于意料不到之处，对人生产生影响。

其实弗洛伊德本人与他的父亲之间也有着复杂的爱恨纠葛，由他的人生经历就能联想到俄狄浦斯情结的影响。

第四章　亲子间的纠葛

七　母与子之间

弗洛伊德所提出的"俄狄浦斯情结"得到了人们普遍的认可，尤其是对于学习精神分析学的人来说，那简直就是类似于金科玉律的存在，但也有人对此提出了重要的质疑。这个人便是曾当面接受过弗洛伊德精神分析的日本人古泽平作。

古泽平作并非对俄狄浦斯情结抱有疑问，而是对俄狄浦斯情结是人类唯一的根本情结这种看法有所质疑。他主张，除此之外，还有一种情结也同样重要。

从日本人的视角，他认为与父亲和儿子的关系同样重要的，还有母亲与儿子的关系。他在论述这一理论时，模仿弗洛伊德对希腊神话的引用，利用佛教经典故事展开自己的论述。在这里，"神话"也发挥了重要作用。

他使用的是佛教经典中讲述的"阿阇世"的故事，下面我将概括介绍一下古泽平作的观点。

韦提希是王舍城频婆娑罗王的王妃，她没有自己的孩子，再加上逐渐年老色衰，担心会失去国王的宠爱，便去找预言者咨询。预言者告诉她，山里的仙人三年后将会死去，死后会转世为王妃的孩子重生，成为一个出色的王子。

而王妃无法忍受三年的漫长等待，便将仙人杀害了。

仙人临死之际预言自己转世托生为韦提希的儿子后，一定会杀死自己的父亲。而由仙人转世托生出的便是阿阇世。

阿阇世长大成人后，得知自己的前世经历十分苦恼，他依照预言要杀死父亲，于是便把父亲幽闭起来。但是，王妃用璎珞盛了蜂蜜偷偷带给国王，使他可以苟延生息。

阿阇世知道母亲的行为后，曾试图杀死母亲，但被大臣制止了。之后他患上了恶疮，苦恼日深，最终被释迦救赎。

古泽通过这个故事想要主张的是，与弗洛伊德的理论不同的东西。弗洛伊德认为存在于父子关系中的罪恶感，来源于儿子犯下的弑父之大罪，而古泽平作指出，在阿阇世故事中，纠葛存在于母子关系中，儿子不能原谅自己犯下的罪，从而产生了罪恶感。

最终，阿阇世并未受到惩罚，而是得到了释迦的救赎。

于是，古泽平作于1931年写了题为《两种罪恶意识》的论文，主张在分析人类精神时，不仅仅是俄狄浦斯情结，阿阇世情结也十分重要。他将这篇论文也提交给了弗洛伊德，但是很遗憾，当时他的这篇论文并未受到弗洛伊德以及其他精神分析学家的重视。

直至20世纪70年代，在研究日本文化特征的领域，出现了将阿阇世情结作为一个重要概念看待的新动向，同时，在精神分析学领域，除了一直以来受到关注的父子关系，也开始重视母子关系的要素，因此阿阇世情结开始广受关注。

其实，还有一点十分有意思，即古泽平作以及他的弟子小此木启吾，在他们的论文中所提到的阿阇世故事，与原本佛典《涅槃经》中所记述的内容是有所出入的。

在《涅槃经》中，讲到了阿阇世弑父，但是并未提及他试图弑母。

据《涅槃经》记载，阿阇世因犯下弑父之罪而担忧自己会因此坠入地狱时，释迦现身告诉他，看透三世的佛陀，明知阿阇世为了王位会做出弑父的举动，却未加以阻止，因此罪不能只归咎于阿阇世，若阿阇世要坠入地狱，则诸佛也不能幸免。所以，释迦拯救了阿阇世。

这个故事中释迦表现出的态度比起父亲的严厉来，更让我们想到母亲的慈爱。在犹太教和基督教中，父性原理占据优势，而与此相比，佛教中母性原理更重要。古泽平作以及小此木启吾大概是因为想要强调这一点，才会在无意识中改变阿阇世故事的情节，增加了其中重视母亲的内容。如此解释故事内容出现的出入便可理解了。

阿阇世原本的故事形态在古泽平作以及小此木启吾心中是如何发生改变的，这也是一个很有意思的论题，但在此暂且割爱。此处所浮现出的弑母这一主题值得我们关注。

父母亲要抛弃自己的孩子，孩子要弑父弑母，这些内容简直是过分残忍的，但若是退一步从象征性的视角来分析这些内容，会发现什么呢？

从象征意义上看，人类若要自立，必须象征性地杀死自己的母亲和父亲，同时作为父母，必须要象征性地抛弃自己的孩子。

一般而言，无力彻底完成这种象征性行为的亲子，便会在实际生活中，发生父母抛弃孩子或者孩子杀害父母的行为。

八 弃儿变成伟大的英雄

上一节中谈到父母必须象征性地抛弃自己的孩子，而在神话世界中，可以说被抛弃的孩子反而会出类拔萃。

圣经旧约中记载的摩西（Moses）的故事，便是一个典型的例子。据《出埃及记》所记载，厌恶以色列人的埃及国王下了一道命令："若是希伯来人生下男婴，就把他丢到尼罗河里。但倘若生下的是女婴，则允许养活她。"

但是，"一个利未家的人，娶了一个利未女子为妻。那女人怀孕，生下一个儿子，见他俊美，就藏了他三个月。后来不能再藏，就取了一个蒲草箱，抹上石漆和石油，将孩子放在里头，把箱子搁在河边的芦荻中"。

从中我们可以看到,这个故事中刚出生的孩子被藏了三个月,但之后还是被扔到了河里。这并非父母本意要扔掉孩子,而是迫于国王的命令。或者可以说,这个故事中的父母没有完全遵守国王的命令,将男婴杀死,而是扔掉了,这是它与俄狄浦斯故事的不同之处。

担心被扔到河里的男孩之安危,他的姐姐一直远远地看守着。随后,看到法老的女儿发现了草箱里的男孩,姐姐见机立刻走过去,跟公主说自己去给这个孩子找来一位乳母。

于是她把自己的母亲带了过来,最终男孩得以吃着亲生母亲的奶长大,这个孩子便是摩西。关于摩西成人之后成就了怎样的伟业,我想在此就不必赘述了。

接下来我们再谈另外一位弃儿的故事。他就是希腊神话中的英雄珀尔修斯。

希腊神话中的达娜厄(Danae),其父亲阿克里西俄斯(Acrisius)是阿耳戈斯(Argos)的国王。他得到了一个神谕:他会被自己的女儿所生的孩子杀死。这与俄狄浦斯的故事有所不同,俄狄浦斯的父亲得到的神谕是,会被自己的儿子杀死,而这里是要被女儿生的孩子,即自己的外孙杀死。

于是,阿克里西俄斯把女儿达娜厄关在一间密室里,不让她见任何人。但是希腊的主神宙斯化身为黄金雨潜入密室,而达娜厄也因此有孕,产下一子。

得知这个消息后,阿克里西俄斯震怒不已,命人将女儿达娜厄和那个孩子一起关在箱子里扔进大海。这里的情节与一般意义的"弃儿"有所不同,他是和母亲一起被抛弃的。

后来这对被抛弃的母子被一名渔夫救起,并被带到国王那里。

之后，珀尔修斯击败戈耳工（Gorgon）女妖的英雄神话便开始了，在此且略去不谈。

摩西与珀尔修斯都是成就伟业的英雄，而且他们自己都是"弃儿"。这究竟意味着什么呢？

另外，还有一点不可思议之处，尽管这两个人都是弃儿，但直至他们成人，与母亲的关系都没有被切断。或者可以说，他们都与母亲之间存在着牢不可破的关系。抛弃他们的并不是他们的母亲，而是国王，即当权者。

这意味着"弃儿"是不容于当权者的一种存在，因此他们才能成为打破旧秩序、带来新事物的英雄。

这里的"弃儿"，更多是从文化以及社会化的角度而言的。而从个人关系来看，他们与母亲的关系一直得以持续着。可以说，正是这些不容于当权者的人，才能成为英雄。

倘若从个人关系的角度来看，当遇到外部的当权者的逼迫时，摩西和珀尔修斯故事中的母亲都选择保护自己的孩子。但是，到了现代，在一般家庭中，尤其是在日本的家庭中，逼迫孩子的"掌权者"，往往就是他们自己的母亲。

"好好学习！""快点！"一直对孩子发出这些命令的，正是他们的母亲。孩子一方面要对抗作为掌权者的母亲，同时另一方面又需要得到母亲的守护，应该如何处理这个矛盾呢，这是现代家庭需要解决的课题。

由于没有清楚地认识到这一点，无论是母亲还是孩子都产生了混乱，母子之间出现毫无意义的误解与对立，这种事例有很多。

此时，若是父亲能介入，父母双方合作，巧妙地解决这些矛盾是最理想的。然而在日本，父亲在育儿方面很少发挥作用，这也助长了混乱的出现。

近年来，参与育儿的父亲似乎有所增加，但他们中很多人不过是作为助手辅助母亲的工作，并未从本质上解决问题。在现代，育儿是相当棘手的工作。

九　等待"蛭子神"的回归

让我们把话题转回到文化方面。正如摩西与珀尔修斯的事例所示，被旧有的文化与社会排斥、抛弃在外的弃儿，会成为英雄复归。这在日本又如何呢？

日本神话中也存在着被抛弃的神，那便是蛭子神。

据《古事记》记载，最初的夫妇神伊奘诺尊与伊奘冉尊的结婚仪式上，两人绕柱而走相遇时，女神伊奘冉尊先开了口，接着伊奘诺尊才开口。结果两人生下了水蛭子（发育不全的胎儿），他们将水蛭子放在芦苇船上，扔到海里，让水漂走（至此故事中尚未讲述抛弃水蛭子的原因）。

然后，两人去找天神询问究竟，天神告诉他们说，女人先开口为不吉祥。于是两人重新举行了婚礼，这次由男神先开口，之后他们生出了日本的国土。

另一部史书《日本书纪》中的记载与《古事记》稍有不同，在《日本书纪》中，伊奘冉尊先生下了日本的国土，之后她说要生下"天下之主"，诞生出天照大神与月神，然后就生下了水蛭子，水蛭子长至三岁，双腿仍然无法站立，因此把他放到天磐豫樟船，让船顺风漂走，然后伊奘冉尊又生下了素盏鸣尊。

这意味着水蛭子原本是作为"天下之主"中的一人被生下的。实际上，在《古事记》中，另外的三个孩子天照大神、月神月夜见尊以及素盏鸣尊被称为"三贵子"，备受看重。

关于应如何看待这里的水蛭子，存在着各种学说。我认为天照大神又被称为"大日孁"，水蛭子的名字为"日子"，由此可知水蛭子是与太阳女神"大日孁"对立的"太阳男神"。

若展开论述这个观点，需要整体考察日本神话，具体论证请参照拙著《神话与日本人的心灵》[1]（岩波现代文库），在此仅将关于水蛭子的重要内容归纳如下。

首先，天照大神、月夜见尊以及素盏鸣尊这三神之间的关系，体现出日本神话的基本构造。

天照大神与素盏鸣尊之间既对立、纠葛，又互相妥协，而处于两人之间中心位置的月夜见尊却一直是无为的。存在于中心的是无为之神，围绕中心的无为之神与其他神之间产生一种平衡，形成了整体和谐的构造。

因篇幅限制，在此无法论及其他的诸神，总之详细分析日本神话会发现诸神之间有着非常巧妙的平衡关系，整体保持均衡的状态，但是并不存在统制整体的中心法则或中心力量。我将日本神话的这种构造称为"中空均衡构造"。

这种构造的特征，通过与一神教世界的构造加以对比会更加明确。一神教世界中，依靠唯一的神所拥有的法则与力量的制衡，从而达成整体统一。

在世界一体化趋势日渐增强的当今，欧美的思维方式以及组织架构时常会被拿来与日本做对比。这些问题若是从日本的"中空均衡型"与欧美的"中心制约型"的差异来考虑，会找到很多问题的答案。

---

[1] 河合隼雄：『神話と日本人の心』，岩波書店，2003年（初版）；岩波现代文库，2016年（再版）。中译本《神话与日本人的心灵》，王华译，生活·读书·新知三联书店，2018年。——译注

言归正传，回到蛭子神的问题上。在世界上太阳为女神的文化原本就比较稀少，可以说这也体现了日本人的平衡感。与此相比，太阳男神则会明晰有力，往往会处于中心的位置，发挥强有力的作用。

我想，如若把水蛭子看作太阳男神，那么他便是破坏日本式均衡构造的存在，必须被排除。直截了当地说，水蛭子身上带有一神教的倾向。

那么水蛭子的回归又意味着什么呢？同时我也在思考，日本是否到了迎来蛭子神回归的时候了呢？

但是，另一方面我们也看到，欧美社会已经显露出种种僵局，所以应该无人会盼望蛭子神归来后将日本古老的众神全部放逐，独自建立一神教的体制。

由于与"中空均衡构造"无法相容，因此水蛭子才会被抛弃，那么即便他回归，是否有他的容身之处呢？

意识到这种矛盾的存在并去挑战它，这应该是21世纪的课题。用没有矛盾的一种固定的模式思考问题的时代，已经结束了。

第五章
灵活的智慧

一 欺骗与被骗

有一类角色在全世界的神话中都十分活跃,那便是恶作剧者(trickster)。

翻译成日语,似乎只能译为"捣蛋鬼"或者"骗子",但他们已经超越了单纯的"调皮捣蛋",有时毫无疑问就是恶人,有时他们看起来又像个英雄,他们的捣蛋会导致意想不到的成功。

人类学家保罗·拉丁(Paul Radin)曾与神话学者卡尔·凯伦伊(Karl Kerenyi)以及潜意识心理学家卡尔·古斯塔夫·荣格合作写过一本《恶作剧者》(皆河宗一等译,晶文社出版)①。在书中,保罗·拉丁谈到恶作剧者"自文明之初便是一种特殊的形象,身上带有一种特别而持久的力量,对人类而言是一种带有罕见魅力的人物",并进一步论述道:"恶作剧者既是创造者同时又是破坏者,既

---

① ポール・ラデイン、カール・ケレーニイ、C.G. ユング著,皆河宗一ほか訳:『トリックスター』,晶文社,1974年。原版标题为:The Trickster: A Study in American Indian Mythology。——译注

是赠予者又是反对者，既欺骗他人同时自己也会上当受骗。"

总之，这是一类用通常方法难以理解的存在。对非洲以及北美原住民而言，恶作剧者在他们的神话中占据着十分重要的地位。下面我想通过拉丁的著作来介绍其中比较典型的恶作剧者。

温尼贝戈族（Winnebago）酋长——他便是恶作剧者，正准备出战。出战前首先大摆宴席，让人拿来四头鹿，烹饪之后大吃一顿，然后中途退席回到自己的帐篷里。客人过去一看，酋长正抱着女人睡觉……尽管故事是这样写的，但这在温尼贝戈人看来，简直是无稽之谈。

首先，温尼贝戈族酋长在任何状况下都是不能出战的。然后客人还在时主人中途离席，以及在出战前男女交媾，这些都是被禁止的。也就是说，酋长原本就没有打算出战，不过是通过欺骗大家，得以饱餐鹿肉而已。

他出游时捕到了野牛，用右手烹制时，左手立刻表示反对说，"那是我的还给我"，并抓住野牛。在此时，他的右手与左手作为不同的人格在互相争执。

恶作剧者身体的一部分经常会有独立人格，独立做出一些举动，其中尤其是屁股和阴茎的独立性最为显著。

恶作剧者利用他擅长的欺骗手段，捕获了很多野鸭。把鸭子放在火上烤的时候，他想去打个盹儿，并嘱咐屁股在他休息期间看好鸭子。

他睡着之后，几只幼狐被烤鸭的香味吸引过来。刚要靠近，突然听到"噗"的一声，并有臭气随之喷出，于是幼狐受到惊吓而急忙逃走。

过了一阵子，幼狐又围过来，同样还是被屁吓跑了。这样反复几次之后，幼狐仍不气馁，它们不再害怕屁，围上来吃鸭子。

屁仍在不停地发出，但丝毫没有奏效，并吵醒了恶作剧者，恶作剧者醒来一看，鸭子都被偷走了。他很生气，认为屁股没有做好看护的工作，于是要给它惩罚。他拿起燃烧着的柴去烫屁股的嘴巴。

因此被烫伤而疼痛大叫的，当然是他自己。他喊着："这真是受不了！大家都叫我恶作剧者，是因为这些吗？"

或许会有人说这个故事太荒唐无稽，也或许有人会认为，屁股拥有独立人格太匪夷所思，但仔细想想现代的日本，有些大人物也主张"上半身与下半身是分开的"，而且，也有很多人试图攻击别人，结果却伤到了自己。

这个故事中还有一点很有意思，即恶作剧者对自己有所意识时，往往伴随着疼痛这一事实。重要的自觉以及自我意识的产生，往往都伴随着痛苦。

酋长恶作剧者的故事还有后续，之后他变成了女人。

恶作剧者往往是变幻自在的，也经常变装，但在这个故事里是真的变成了女人，所以是非常厉害的变身。他用麋鹿的肝脏做成女阴，用它的肾脏做成乳房，然后穿上女装完全变成了一个女人，并且与酋长的儿子结了婚，甚至还生了三个孩子，所以这变身是很彻底的。

后来，恶作剧者又变回男人，回到家乡自己的妻子那里。然后他和水貂以及郊狼成为朋友，并不断被这些动物欺骗，充分展示了他的愚蠢。然而，之后他又向水貂和郊狼报复，越来越像人类。

详细情节在此暂且省去，总之，他自由奔放的生活方式以及失败方式，引发了读者的大笑。

以上简略介绍了温尼贝戈族关于恶作剧者的神话，我想，从中读者能充分感受到恶作剧者的破坏性、反道德性，以及与之伴随的意外性和由此引发的滑稽性及他们强大的生命力。

二 展示不同的可能性

如此荒唐无稽的故事作为神话被长久传承的意义究竟何在？试图从神话中获得"道德上的训诫"的人读了这个神话，恐怕还会感到气愤。

但是，倘若我们将这个神话讲给孩子们听，讲到恶作剧者的屁吓跑了幼狐这些情节时，估计孩子们会笑得前仰后合吧！当然，读到恶作剧者变身为女人的部分时就会发现，很显然这不是面向儿童的神话。

恶作剧者的故事不仅仅存在于神话中，在世界各地的民间故事和传说中也比比皆是。日本最具代表性的恶作剧者有活跃在民间传说中的吉四六、彦市等，全国各地都有类似的故事。我们以其中一个为例来探讨恶作剧者的意义。

某一天，大作（高知县民间传说中的恶作剧者）到处宣扬他在山里听到了三宝鸟的叫声。这消息传到国王那里，国王说他想听听三宝鸟的鸣叫，于是命人修了通到山里的大路，来到山里，但听到的只有"咕咕咕咕"的叫声，根本听不到三宝鸟鸣叫。

随后大作被带到国王面前，大作很平静地说，三宝鸟不就是"咕咕咕咕"地叫吗？然后他被狠狠地训斥，"笨蛋，那是野鸽子在叫"。虽然大作被训斥了一通，但是多亏了他才修好了山里通往外面的大路，村里的人们都高兴极了。

前一节中引用了保罗·拉丁的著作中所提到的"恶作剧者既是创造者同时又是破坏者"，在这个故事中，大作成功欺骗了国王，使他命人修通了村里的大路。从这一点而言，他是个"创造者"。

但这样做又是十分危险的，大作说完"三宝鸟咕咕咕咕地鸣叫"之后，国王的人觉得他是个大笨蛋，却没有严厉地惩罚他。但倘若国王震怒之下，命人将大作斩首，并把道路毁掉，那这个故事便以破坏告终了。以身犯险，这也是恶作剧者的一大特征。

这里我使用了"以身犯险"这一说法，当然，我们也不能排除恶作剧者里有人真的相信，三宝鸟是咕咕咕咕地鸣叫的。若是这样，则恶作剧者并非有意或者有计划性地展开行动，而仅仅是自以为是，把事情弄错的笨蛋而已，但即便如此，仅从结果来看，恶作剧者做出了极大的贡献。

还有一种结果，国王听了大作的话，派手下的人来调查是不是真的有三宝鸟，却发现不过是因为大作的愚蠢弄错了，然后对他施以惩罚。倘若故事如此结束，那么其中的恶作剧者便是极其低级的，因为既没有产生破坏也没发生创造。

实际上，在这个民间传说中完全没有讲到大作的心理活动，也有可能是大作想要修通村里至城里的路，从而绞尽脑汁想出了这个诡计吧。

若是如此，大作便是村里的英雄。由此可以看到恶作剧者是多种多样的，可能仅仅是个捣蛋鬼，也可能是笨蛋，甚至是英雄。

下面我们再通过日本的另一个民间传说，即大家都熟知的吉四六的故事来探讨一下恶作剧者。吉四六和村里的人一起去山里伐木。当村民们都努力砍伐槐树时，吉四六一人则在一旁抽烟偷懒。

到了要回村时，吉四六说："都说伤怀、伤怀（槐），槐树实在是不吉利。"村民们听了他的话，扔下砍倒的树便回去了。而吉四六把那些树都捡起来带回了家。村民们看到之后追问他："你不是说槐树不吉利吗？"吉四六沉着以对，回答说："这些槐树是开怀（槐）的。"

这个故事充分展示了恶作剧者的自由性与两面性。

村民是单一性的，听到槐树伤怀，便被这种说法束缚住，不会去考虑其他的可能性。而槐树既可以说开怀（槐），又可以说伤怀（槐），拥有两面性。掌握这一点的吉四六，依靠这一点，巧妙地骗过了村民。

就像这样，恶作剧者在其他人都对某一点坚信不疑时，会展示与之不同的其他可能性。有时他们会成为打破旧秩序的单纯的破坏者，即这些破坏，有时不会引发创新。

在前述温尼贝戈族的神话中，恶作剧者原本是男性，后来变为女性，揭示了男女的差别并不是绝对的。但实际上在这些部落中，男性与女性的差异应该是绝对的，他们有着对男女性别的固定观念，框定了男性与女性的固定角色与行为差异，而这些固定观念是部落中秩序的重要根基。

但是，在神话中这类差异一下就被打破了，因而这是对旧秩序的一种严重的破坏，然而在温尼贝戈族的神话中，这种破坏并未产生新的创造。

三　素盏鸣尊的另外一面

在上一节中，我们列举了日本民间传说的例子，那么日本神话中是否不存在恶作剧者呢？这一点大可不必担心，因为日本神话中也有着了不起的恶作剧者，那便是素盏鸣尊。日本神话中的恶作剧者素盏鸣尊在故事中发挥了重要的作用。

日本神话主要记述于《古事记》和《日本书纪》中，下面以《古事记》为主，介绍一下关于素盏鸣尊的神话。在第四章中已介绍过素盏鸣尊的故事，在此主要从恶作剧者的视点来探讨。

首先，素盏鸣尊是由父亲生出的。日本神话中天地间最初的父母，伊奘诺尊与伊奘冉尊生出了日本的国土以及众多的神，最后在生出火的时候，伊奘冉尊被烧伤至死。伊奘诺尊奔赴黄泉之国试图将妻子从那里带回这个世界，结果失败了，只能独自一人返回。

为了脱去黄泉之国的污秽，他在河里洁净己身，当他洗了左眼，便生出了天照大神，洗了右眼，又生出了月夜见尊，然后从鼻子里再生出素盏鸣尊。这三尊神被称为"三贵子"，在日本神话中占有重要的地位。

遵从伊奘诺尊的意愿，天照大神统治高天原，月夜见尊统治夜之食国，而素盏鸣尊没有遵从父亲让他去统治大海原的命令，而是大声哭喊。从这里开始，他身上恶作剧者的特质便已经开始发挥了。

父亲问他为什么哭，他回答说，想去母亲所在的国度，伊奘诺尊听后大怒，并将他流放。于是，素盏鸣尊便说要去向姐姐天照大神辞行，从而来到高天原。天照大神误以为他来抢夺自己的国家，因而全副武装，严阵以待。

素盏鸣尊解释说自己只是来辞行的，但天照大神并不相信。于是，素盏鸣尊便起誓（古代占卜的一种）以证明自己拥有纯洁的心灵。

如前章所述，结果证明素盏鸣尊的心灵是纯洁的，他非常高兴。然后他欣喜若狂，破坏了田埂，在神殿里排泄粪便。但天照大神并未责备他，反而试图善意地理解他的行为。然而素盏鸣尊的野蛮行为并未就此停止。

终于，当天照大神在纺织屋里织布时，素盏鸣尊将一匹剥了皮的小马穿透房顶投掷进去。天上的织娘看到之后受到惊吓，被梭子从阴部刺穿而亡。

看到这些，天照大神再也无法忍受，便打开天之岩洞，将自己关在里面不再出来。世界因此变得一片漆黑，令众神十分为难。后来多亏了天钿女命的滑稽舞蹈，天照大神才打开天之岩洞，重新出

第五章　灵活的智慧

现。这些都是大家所熟知的情节。

这一系列故事充分展示出素盏鸣尊身上带有的恶作剧者的特质。

首先，在日本神话中，天皇的血统出自天照大神一系，可以说这一系乃是主流。而素盏鸣尊由下界闯入天照大神统治的高天原，因而可以说，他是一个入侵者。

日本神话中尤为令人感觉意味深长之处，便是此时的素盏鸣尊，他并不是单纯的入侵者，而是怀着纯粹之心，来高天原辞行的。将其误认为是入侵者的乃是天照大神。可以说素盏鸣尊并没有被刻画为单纯的恶人。

起誓的结果是，素盏鸣尊获得了胜利，若按照这个结果，那么素盏鸣尊是胜者，而天照大神则是败者。但就在此时，故事发生了反转，之后素盏鸣尊做出种种举动，成为秩序的破坏者。

他攻击了高天原一系文化的核心：稻作与纺织。而且，天上的织娘因被梭子刺穿阴部而死，这象征着对天照大神这一女性君临的世界的入侵与破坏。

在天照大神从天之岩洞中出来后，素盏鸣尊受到惩罚被流放。但是，他并没有被杀死，甚至之后他还去了出云之国，打败了八岐大蛇，成为那个国家的文化英雄。

这些都彰显了恶作剧者素盏鸣尊这一人物的多面性。他不单单是入侵者与破坏者，还逐渐演变为接近一个英雄的形象。八岐大蛇的故事具有相当重要的意义，容我后文详述。总之，这些故事充分展示出素盏鸣尊的恶作剧者特征。

而素盏鸣尊这一恶作剧者的活跃，避免了天照大神一系的世界单层化的向度，而成为富有弹性的、丰富多彩的世界。

素盏鸣尊的破坏力和创造力，使日本国在建立过程中避免了高天原一系的一边倒，而成为保有微妙平衡的国家。

1965年，笔者于瑞士的荣格研究所留学期间，曾写过关于日本神话的论文，通过恶作剧者的视角分析素盏鸣尊，深入解读日本神话，由此加深了对日本文化的理解，连我自己对这一新发现都欣喜不已。

但当时我想，若回到日本将这一观点公之于众，恐怕很少有人能接受。

然而，待我回国之后，马上就读到山口昌男的著作《非洲的神话世界》①（岩波新书），此书分析了非洲神话中恶作剧者的重要作用，而且还将素盏鸣尊的恶作剧者特性与非洲神话的类似之处做了比较，从纵向及横向两方面论述了非洲神话中的恶作剧者。我读完之后信心倍增。该著作中对素盏鸣尊神话与非洲的恶作剧者神话所做的比较，非常有意义，在此推荐给感兴趣的读者找来一读。

四　内心深处的恶作剧者出动

前文介绍了各种关于恶作剧者的神话，我想可能有很多人都注意到在现代社会中恶作剧者仍然很活跃。

首先，恶作剧者自孩提时代就很活跃。他们有时候捉弄老师，有时会趁着老师在教室里认真讲课时，讲讲笑话，引得哄堂大笑。总之，他们会打破老师的权威，破坏秩序。

在恶作剧者捣乱时，有时老师也会和孩子们一起开怀大笑，这便罢了。但有时老师会雷霆大怒，如此一来，恶作剧者便会被当成坏人。

可以说青春期便是恶作剧者的时期。

---

① 山口昌男：『アフリカの神話的世界』，岩波新書，1971年。——译注

其实对出现在神话中的恶作剧者形象，荣格认为，那是人类"初期尚未发育完全的意识阶段的反应"。正如荣格所言，人类的意识在形成过程中，具备类似现代人类意识的主体性以及统一性之前，只是碎片化的、瞬间的、冲动性的东西。可以说正因为如此，关于恶作剧者的神话才大量存在于非近代社会的文化中。

青春期在现代仍然属于成人意识形成之前的阶段，因而出现恶作剧者式的行为，也是可以理解的。

即便是有常识的市民，回想起自己的青春期，往往也会感觉不可思议，想不通当时自己为什么会做出一些诸如偷盗、破坏、撒谎等之类的荒唐举动。而因为当时的举动过于荒唐，甚至有很多人成年之后会将这些遗忘。

有人能控制住存在于自己内心中的恶作剧者，使其发挥正面作用，但也有人会被自己心中的恶作剧者控制，从而做出无可挽回的事情，两者的结果迥然不同。

前者在从事创造性工作的人群中比较多见，而后者容易在无意识中做出一些冲动的举动，这会带来正反两方面的后果。

完全成为恶作剧者的人，严重时会变成可称之为病态的状态，有时也会让人感觉幽默可笑。但因其做事完全不考虑后果，很难得到周围的信任。他们会撒谎，但有时周围的人认为他们在撒谎，他们又会出人意料地在说实话。

而且，这类人往往容易偶然出现在他人做着不欲为人知之事时。例如为躲开他人的目光，在隐蔽的地方密会时，恶作剧者往往会偶然出现在那里。

这类恶作剧者常常会搅乱世间，很少起到正面作用。不过，也幸亏有这些恶作剧者，尽管并非出于他们的本意，有些人隐藏的恶行会因他们为世人所知。

我们无法判明恶作剧者的行为，在多大程度上是他们自己有意识而为，但仅从结果来看，这些行为有时也会产生正面效果。例如其他人认真思考却很难想出一个好的方案，在大家都埋头苦思时，恶作剧者的发言会引得大家忍不住笑出来，由此而引发产生新的思考。

又或者，初中生中的恶作剧者偷窃被发现时，班主任和同学们与他认真交谈，由此产生一种一体感，从而使得年级的氛围突然好转。

总之，对于恶作剧者的行为，或贬抑或褒扬，这全凭周围的人如何看待。

五　动物所拥有的"先知智慧"

虽然恶作剧者是人类，但他们身上也带有可以说是"动物性"的特质，这也是恶作剧者的意义之一。那么我们应如何看待人类与动物之间的关系呢？

让我们先思考一下现代人与动物的关系。电视中播放过由于BSE（疯牛病）或者禽流感，大量的牛或鸡被处死并掩埋的新闻，看到这些画面，很多人都会受刺激，感觉难以接受。

但即便不是上述场景，现代社会中的我们，也会杀死其他动物并食用它们，而对此一般人都不会感到有任何违和感以及罪恶感。

为了生存而杀戮或许还能被允许。但是，过去有很多人单纯为了娱乐而狩猎，这类人现在可能依然存在。另外，或许会有人主张"疼爱"宠物，但这也不过是人类的一厢情愿，而从动物的角度来看，很多行为都不过是困扰。

即便是反对人类实施安乐死的人，对于家畜以及宠物的安乐死，却会觉得理所当然。

总之，在现代人看来，人类与其他动物不同，人类是高等的而动物是低等的，两者迥然不同。但是，神话中的讲述却与此完全不同。下面我们看一下神话中是如何讲述的。

在神话里，有时动物拥有高深的智慧，甚至会超过人类。而人类正是通过向动物"学习"，获得新知识，从危险中逃脱。可以说这类故事大量存在于神话中。那么让我们先看一下大家熟悉的日本神话吧！

据《日本书纪》中《一书曰》的记载，伊奘诺尊与伊奘冉尊结婚时，不知应如何交合，看了鹡鸰之后才明白了。

也就是说日本人的先祖，最初的这对夫妇，是向鹡鸰学习的性交的方法。若没有鸟的教授，便没有日本民族的繁盛。

与之类似的故事也存在于其他文化的神话中，其寓意很容易理解。在人类出现之前，动物已经在这个世上生息繁衍了，这些动物对人类而言，是一种有着"先知者智慧"的存在，应该得到人类的尊敬。有观点认为，动物的这些智慧与人类作为生物的生存意义之间，有着深深的关联。

《古事记》中记述的下列例子又意味着什么呢？在大国主命[①]要在出云国造国之际，有一位奇怪的神登场了。他乘船渡海，身披鹅皮。这位小神谁都不认识，问他的名字他也不回答，令众神苦恼不已。

此时，癞蛤蟆说，"崩彦（稻草人）[②]应该知道他的来历"。实际上，稻草人的确对那位神（少名彦名神[③]）的来历了如指掌，由此故事得以顺利进展。

---

① 又名大国主神、大己贵神、八千矛神、大穴牟迟神、苇原丑男等。——译注
② 又名久延毗古。——译注
③ 又名少彦名命，少名毗古那神。——译注

这里出场的癞蛤蟆知道其他众神都不了解的信息，并将稻草人的事情告知众神。癞蛤蟆的智慧对众神有莫大的帮助。

类似这种神以及人因动物的智慧而得救的神话，可以说在世界各地都存在。在本书第三章中曾介绍过美国原住民纳瓦霍人的神话，当男性与女性对立分离时，劝解他们的是猫头鹰。在那个故事中，猫头鹰比起人类来，拥有更多的智慧。

这类故事大量存在于世界各地，预示着倘若人类自大地认为自己比动物更加高等，便容易犯错，人类思维中存在着盲点，这些应该向动物学习。

由此可以看出，在远古时代，人类还没那么狂妄自大，人类与动物的区别很微弱，而动物也曾作为"神"受到人类的尊崇。

六 "猫神"的作用

动物也是神。在日本，蛇也是神社的御神体[①]。之后还会详加介绍，总之神话中动物经常作为与人类同等的存在登场。

前文介绍恶作剧者时业已提到，在非洲的恶作剧者神话中，兔子作为主人公发挥了重要作用。可以说，其中神、人与动物混杂在一起，并无太大差别。或者可以说，正是在这种人与其他生物毫无区别的状态中，才产生了被称为"神体验"的畏惧的情感体验。

这是一种已被多数现代人所遗忘的极为重要的情感。

保罗·加利科的小说《托马西娜》[②]（初版日文译本由矢川澄子

[①] 御神体，指日本神道中神所寄宿之物。——译注
[②] *Thomasina*, by Paul Gallico，英文版出版于1957年；日文译本《托马西娜》，矢川澄子译，角川文库出版，1980年；日文新译本《托马西娜》，山田兰译，创元推理文库出版，2004年。中译本李默识译，北京时代华文书局，2015年5月出版。——译注

译，角川文库出版；最近创元推理文库出版了山田兰的新译本）巧妙地刻画出"作为神的动物"与现代人生活方式的盲点。关于这一点，拙著《猫魂》（新潮文库）中已做了详尽论述，在此仅简单介绍与本章主题相关的部分。

在古埃及，猫作为神受到人们的尊崇。猫神名为"贝斯特"或"贝斯蒂"，自第二王朝时代起，便作为女神受到人们的崇拜，象征着喜乐与太阳的温暖。她的神像很多都保留到现在，在美术馆便可看到。

这些神像中，既有猫首人身的，也有完全是猫的姿态的，甚至还有展示人与猫神对比的神像，其中猫神被塑造得极为高大，而叩拜她的僧人则卑微得多。有些神像虽然是猫的姿态，却极富威严神圣之感。

埃及的神极其复杂，有时会与其他的神合而为一，很难描述清楚，这里仅就我所理解的来介绍猫神的形象。

贝斯特神受到崇拜是在埃及的布巴斯提斯。在那里猫被视为神圣的存在，特别的猫还会被人们制成木乃伊，并为它举办盛大的葬礼。木乃伊猫的大祭礼在古代世界非常有名。

猫神贝斯特有时与狮神泰芙努特被视为同一个人。贝斯特也是太阳神拉的女儿，作为太阳的左目，也被视为代表月亮。换言之，如前文所述，贝斯特既被尊为代表太阳的温暖的神，有时亦会被视为月亮的代表。由此可见，埃及的神是相当复杂的。

说到复杂，还有一点，贝斯特既是打败大蛇的神，另一方面在表现其极具破坏性的力量时，她自己又会变成蛇。也就是说，贝斯特既与蛇打斗，有时又是蛇本身。

由打败蛇这一点，可以联想到贝斯特代表治服毒物的治愈之神这一意象，但有时又会发生大逆转，她又会变成给人类带来痛苦的魔女形象。

在她身上存在着重重矛盾，但若将她与人类用理性无法控制的深刻情绪及情感结合起来考虑，便会变得容易理解。古代埃及人便是通过猫神的形象来理解这些的。

以古代猫神为背景，讲述着现代的幻想，这便是保罗·加利科的高明之处。他的小说《托马西娜》中重要的登场人物，兽医麦克杜伊是现代人的典型，在治疗动物时完全不掺杂任何感情，干净利落，对于他判断难以治好的动物，他便会冷静地使用氯仿将其"处理"掉。

所有的事情在他看来都是可以明确地分析清楚的，"神"这一类奇怪的存在没有丝毫可介入的余地。

在其他方面几乎不掺杂丝毫人类情感的麦克杜伊，对待自己的女儿玛丽却倾注了十分的爱意。这样他的感情也保持着一定的平衡。

但是，玛丽最喜欢的猫托马西娜生病了，父亲判断已经无法治疗，于是不顾女儿的反对，冷静地将猫"处理"掉了，问题便由此产生。

玛丽认为托马西娜被自己的父亲"杀死了"，于是她拒绝与父亲交谈，甚至拒绝进食，一心求死。麦克杜伊在女儿身边时而惊慌失措，时而发火，时而求救，他感受到人类的理性是多么的无力。

在治愈这对生病的父女的小说中，猫神贝斯特登场了。对这个故事感兴趣的读者请务必读一下《托马西娜》这本书。小说的具体情节在此处暂且略去不谈，我想强调的是，保罗·加利科想要表达的内容之一，应该是即便在当代，"猫神"的存在依旧有着重要的意义。

或者应该说，在现代更需要动物之神。若是失去了它们，结局就会变得与科学性合理主义者麦克杜伊一样，虽然一切都能顺利进行，但却会丢失自己的灵魂（对麦克杜伊而言，是他的女儿玛丽）。

那么与现代人这种与动物的相处方式相比，原始时代又如何呢？

七　熊之魂

人类刚来到这个世上时，人与动物的关系与现在相比，更是大不相同。

中泽新一在他的著作《从熊到王》（《野生笔记》第2卷，讲谈社出版）①中对此做了详细论述。下面我将引用中泽新一的观点，介绍"神话智慧"所讲述的人类与熊的关系。

中泽新一在"原初，神曾是熊"一章中，介绍了加拿大原住民阿萨巴斯卡人（Athabaskan）世代流传的神话，其梗概如下。

很久以前的一个夏季，一名少女外出采摘莓子。她离开家人独自一人前去采摘，摘了满满一篮。这时出现了一位英俊的男子，告诉她其他地方有长着更好的莓子，邀她一起去。

两人生起火，烤了地鼠，和莓子一起吃了。男子说好次日会送少女回去，当夜两人便在那里歇息了。

翌日清晨，少女说想要回家，于是男子便在少女的头顶拍了一下，然后绕着她的头按照太阳升起的方向画了一个圈。如此一来，少女便将父母以及自己家的事情完全遗忘了。

自那之后，少女和男子同进同出，一起生活了一天又一天。这期间，少女逐渐察觉到这个男人的真身其实是一头熊。

---

① 中沢新一：『熊から王へ』，講談社，2002年。——译注

一天，少女和熊一起去了一个地方，那是过去少女和自己的兄弟们常常一起去猎熊的地方。少女感觉到那里似曾相识，她回忆起一些往事。于是，她用自己的身体摩擦地面，使自己的气味留在土地上，因为她想，有了这气味，兄弟们带着的猎犬一定能找到自己。

男子在挖洞时看起来就是一头熊，而在其他时候看起来则是温柔对待少女的英俊男子。

进入10月，他们在洞穴中闭门不出。少女生下了一男一女两名婴儿。男子对少女说："你是我的妻子。"然后告诉她，接下来他要出洞去与少女的兄弟们战斗。

妻子请求他不要全力打斗。熊听后唱起了歌，并嘱咐妻子倘若自己被杀，请务必收起自己的头和尾巴，在它死去之地燃火烧掉，燃尽之前都要一直唱着这首歌。

终于，少女的兄弟们带着猎犬来了。妻子祈求着男子："求你了，请不要与我的兄弟们打斗。倘若我的兄弟们要猎取你，请允许他们那么做。"于是，熊被少女的兄弟们杀死了。

少女从洞穴中出来，告诉兄弟们说："你们杀死的是你们的姐夫啊。"然后少女按照熊的交代，唱起了歌，烧掉它的头和尾巴，为它举办了葬礼。

少女带着两个孩子与兄弟们一起离开了。之后她建了一个小屋住在里面。兄弟们不顾少女的厌恶，试图让她蒙上熊皮来嘲笑她。随后，少女突然变成了一头灰熊，将他们和自己的母亲都杀死了，仅仅留下平时亲切对待她的小兄弟。

少女脸上流下了泪。然后，少女变成熊带着两头小熊走了。因为有这样的神话，所以熊的一半是人类。人们不吃灰熊的肉，是因为灰熊的一半是人类。

这个神话的特征在于人类与熊几乎没有区别。人类可以和熊结婚，也能和熊生子。虽说如此，两者也并非完全相同。人类会猎杀熊，熊也会杀死人类。但是，尽管两者也会互相残杀，但彼此是姻亲，或者有血缘关系的亲子以及兄弟姐妹，这种认识是非常有必要的。

在《托马西娜》中，对现代人麦克杜伊而言，人和猫是完全不同的存在，有必要时，人"处理掉"猫是理所当然的。但是，实际上一旦处理不当，便会导致父亲间接杀死自己的女儿。

倘若没有麦克杜伊的悔改和猫神的帮助，玛丽恐怕已经死去了。简单地说，杀猫便等同于杀自己的女儿，可以说将人类与动物明确区分开，这是问题所在。当然，并非说两者没有区别，但一方不应该对另一方具有绝对性的优势。

中泽新一将这种关系称为"对称性"，并强调神话中描述的人与动物的对称性极其重要。

若人与动物之间存在着"对称性"，那么为何人类可以杀死并吃掉熊呢？中泽新一先生运用神话的智慧来解答这个问题，为此他介绍了另外的神话。

对此，此处不再详加论述，概括而言，即熊原本也是人类，披上熊皮后便变成了熊，它们出来就是为了被人类猎杀。而且，通过将自己的皮毛与肉赠予人类，它们的灵魂得以升天从而成为神。

这里存在着一种牺牲精神，因此牺牲者会变成神接受人们的供奉，通过这种机制一切得以圆满。但是，若要达成这一点，人类必须对熊抱有相应的尊敬，无论是杀死它们时，还是杀死之后处理它们的尸体以及安葬时，都应该有复杂的礼仪，对这些细节绝不能疏忽大意。

在日本，阿伊努人传统的祭熊仪式，无论是仪式还是祭典都与此基本契合。

人类为了生存下去，必须要夺取其他生物的生命。对这一点应如何阐释，是非常重要的问题。原始时代的这些神话为我们提供了相当巧妙的回答。

依据这些，人类可以杀害并食用动物，但我们不能忘记其中的感谢与敬畏，要避免滥杀与无谓的杀生。

八　蛇只是恶人吗

我们已经深刻地理解了动物之神对人类的意义，那么支配着现代文明的欧美式思维，支撑其根基的神话对这个问题又是如何阐述的呢？

将旧约中《创世记》部分讲述的故事称为"神话"，或许会有人不同意。但是，我想若是将其作为表现基督教文化圈中神话思维的素材来展开探讨，大概不会有人有异议吧。

在旧约的世界中，唯一的神创造了万物。因此，动物能够变成神这简直是天方夜谭。但是，在旧约中有一只动物发挥了极为重要的作用。它便是蛇。

在第二章中已经介绍过这部分内容，神将亚当带到伊甸园，嘱咐他"不可食用分辨善恶之树的果实，倘若食用则必死无疑"。但是，蛇却建议夏娃食用那棵树的果实，并对她说："食用了分辨善恶之树的果实也不会死。神知道你们食用之后会变得心明眼亮，能与他一样分辨善恶。"

夏娃听从了蛇的建议，吃下了果实，亚当也跟随她食用了。吃下之后，他们立刻为自己的赤身露体感到羞耻，便采摘了无花果树的树叶编起来，围在腰间。

神知道之后大为震怒,将人类流放出伊甸园。人类犯下了永世不能被原宥的罪,这便是对基督徒而言,意义极为重大的"原罪"的发生。而蛇作为使人类背负原罪的罪魁祸首,被当成恶人的典型。这与将熊作为神来祭祀的想法是完全相反的。

但是,我们究竟是否应该简单地将蛇定义为恶人呢?亚当与夏娃吃下智慧之果后所做的第一件事,便是为自己的赤身露体感到羞耻,并找东西掩盖。可以说,他们开始踏上了反自然的道路。

而"反自然",应该是造就现代文明的根本。现在,我们能够生活得舒适便利,依靠的是科学与技术,而这些正是由反自然产生的。

假如当初人类留在了伊甸园,那么,今天人类可能依旧过着完全"自然"的生活,这种生活应该是一种与动物同样的生活吧。

因此,若站在正面评价现代文明的立场上考虑,那么蛇难道不正是人类的恩人吗?

幸亏有蛇,人类才拥有了"反自然"的智慧。虽然,作为代价,人类也背负了原罪。但若是从这个角度来看,现代人应该尤其感谢蛇。当然,这种智慧并非"自然"的智慧,而是"反自然"的,这里存在着某种悖论。

诺斯替教(是一种与基督教同时期兴起的宗教思想)中的一个教派,对旧约的内容做了如下解释。

旧约中的神,实际上只是比他更高阶的众神中最低阶的一位神,他被派来做创世这个工作。但是,被创造的万物都将他奉为至高至善的唯一的神。这时,只有蛇了解真相,并把此事告知了人。创造神知道之后大为震怒,惩罚了蛇和人。

这种解释真是相当有深度的。它体现了要构筑一种将神、人和自然作为一个整体来把握的世界观,它十分复杂,它对"恶"做出的阐释也相当复杂。其中，登场的蛇具有极为矛盾的两面性。

关于旧约中的蛇，还有必要补充一点。基督教自16世纪传入日本以来，不断地受到强力镇压，但很多人都知道，这种情况下，秘密基督徒一直在日本存在。

正如在第二章中所述，旧约的故事一直在秘密基督徒中相传，1931年研究者研究发现了他们所持有的文书《天地始之事》。内容相当于《创世记》的第一至第三章，而且这些内容在二百五十余年的岁月中，逐渐完成了文化的嬗变。细细地阅读，其中很多内容都值得探究，这里我们仅仅关注其中有关蛇的内容。

在《天地始之事》中，亚当与夏娃食用了辨别善恶之树的果实，但诱惑他们的并非蛇，而是久斯亥露。人们一般认为，久斯亥露便是堕落的天使路西法。然而在此值得关注的是，蛇从故事中消失了。

对于应该如何解释这一现象，存在着不同的见解。我想作为日本人，大概不愿意将所有事情都怪罪到动物的身上，因为蛇在日本的很多地方，都被尊为"巳君"，成为神社的御神体被供奉，所以日本人不愿意将它当成完全的恶人。

可以说日本人一方面接受了基督教的教义，同时又抱有对动物的尊崇之心，因此才会在故事中回避将蛇作为恶人。

第六章
潜意识中的真实

一　解读英雄神话

英雄经常出现在神话故事中，可以说这正是人类愿望的体现。

这展示了人们心中的理想形象，他们渴望自己能够变得同样强大、同样正确。这也意味着我们可以将这类英雄形象作为人类心灵中精神活动的反应来解读。

从心理学角度阐释英雄神话，这会让我们联想到很多。如弗洛伊德所提出的著名的"俄狄浦斯情结"，便命名自可以称为悲剧英雄的古希腊的俄狄浦斯王的故事，这便是其中的一个例子。

荣格学派的心理分析师埃利希·诺伊曼认为，英雄神话寓意着西方"自我意识确立"的过程。他在其著作《意识的起源史》[①]（林道义译，纪伊国屋书店出版）中，详细地阐述了这一观点。在介绍他的观点之前，我想补充说明一件事情。

---

① エーリッヒ・ノイマン著，林道義訳：『意識の起源史』，紀伊国屋書店，1984-1985年。——译注

1959年我到美国留学，当时体验到了极为强烈的异域文化的冲击，若用一个词来概括，我所体会到的异域文化，那便是美国人的"自我"，这让当时的我感到极为震撼。

美国人无论何时都明确表达自己的感情与想法，并强烈地维护自己对感情与意见的表达，这些都令我十分佩服。与之相比较，日本人即使被问到"你的意见如何"时，也往往闭口不言或者选择模糊的表达方式一带而过。而美国人则会明确表达出自己的意见。

随着留学日久，与美国人的交往也逐渐深入，我开始听到周围的美国人对日本人诸如"缺乏自我""没有个性"之类的评价。起初，我感觉这些评价说得很有道理，但后来我渐渐改变了想法，开始感觉这个问题并非如此单纯。

我想所谓的"自我"，应该是多种多样的，认为欧美的"自我"是唯一正确的方式，这种想法是有问题的。

也是这些问题最终使我开始将研究视角转向日本的民间传说以及神话，这些在此且略去不谈了。正如诺伊曼所指出的，在欧美，近代自我意识的确立，在人类精神史上是一个特异的事例。我们必须认识到这一点。

日本人努力追赶，试图超越欧美发达国家，并且在很多方面都获得了成功，日本成功进入G7（七国集团首脑会议），成为其中唯一一个非基督教文化圈的国家。而且，"确立自我"也让日本人感觉极富魅力，很多日本人朝着这个方向做出了巨大努力。

但是，那不过是表面现象，日本人是否真的进行了与欧美人同样的自我确立，这是值得怀疑的。而正是诺伊曼对确立自我的过程所做的分析，让我切实感受到这一点。他尝试通过对神话中英雄讨伐怪物的话题进行象征性的分析，以考察自我意识确立的过程。下面，我来简单介绍诺伊曼的观点。

二 讨伐怪物与"弑父"

诺伊曼认为神话中所讲述的英雄诞生，意味着自我意识的萌芽。

人类产生了自我意识，这从人类精神史来看，必须说是一件划时代的事情。从这个意义上也可以说，自我意识的产生用英雄神话来表现是非常适合的。为了表现这是十分稀有的事情，在众多英雄诞生的神话中，英雄的诞生与普通孩子的诞生是完全不同的。

例如，在本书第四章中曾谈及希腊神话中英雄珀尔修斯的诞生。在神话中，宙斯化身为黄金雨穿过房顶，注入珀尔修斯的母亲达娜厄的膝盖，因此母亲怀上了他。

达娜厄的父亲阿克里西俄斯国王曾得到一个神谕，获悉自己会被女儿达娜厄生的男孩杀死。为了避免神谕应验，他将达娜厄锁进青铜塔内，而宙斯则化身为雨潜入其中。

如此，神话中所讲述的英雄诞生，往往都是这般不同寻常的。像珀尔修斯，他既是人类，同时又继承了神的血脉。

在日本神话中，素盏鸣尊做出了很多英雄式的举动，而他则是从父亲鼻子中诞生的，这是相当怪异的诞生方式。

而且很多英雄都会去讨伐怪物。珀尔修斯在克普斯国王的女儿安德罗墨达被献祭海怪时，打败海怪救下了安德罗墨达。之后，他与安德罗墨达结婚了。

这里所讲述的"讨伐怪物"，从心理学上应该如何去阐释，这是一个相当重要的问题。

众所周知，弗洛伊德将焦点放在父亲与儿子的感情纠葛上，认为俄狄浦斯情结对人类而言是最为重要的，从这一点出发，他将讨伐怪物解释为"弑父"的象征。他主张，英雄神话中讨伐怪物的内容反映出的是，存在于人类男性无意识中的杀死父亲与母亲结婚的欲望。

对此，荣格学派的诺伊曼则并未将这类话题复原到直接的家庭关系中，而是从它们与存在于人类深层无意识中的"父权意识"和"母权意识"的原型的关系入手展开分析。

他认为人类心中存在着作为个体的父亲与母亲的形象，但超越这些个人形象，可以称为人类共通的"父权"与"母权"意识的原型，同时存在于人类心理的更深层。

自我从人类意识中萌芽，然后必须要从无意识中独立出来，而在意识的外界，人类也必须要离开母亲而自立。

因此，从抽象的角度而言，自我要通过一度抹杀"母权"的意象而成为独立的存在。诺伊曼认为这个过程反映到神话中，便是英雄讨伐怪物的故事。

如此一来，自我便会自立，但是自我不能一直处于与无意识隔绝，与外部世界隔断联系的孤立状态。因而，自我有必要重新再次恢复与无意识以及外部事物的关系。

可以说象征性地展示了这个步骤的，是神话中英雄与女性的婚姻。打败怪物之后，珀尔修斯与安德罗墨达结婚了。

这里"父权"的部分变得如何了呢？尽管自我切断了与"母权"的联系达到自立，但是"父权"依然作为整个社会规范的体现者，要求自我服从他。

自我要自立，并在社会上生存下去，一般来说，服从"父权"也是可以的，但是一些极富个性以及创造性的人，对待社会化规范时也会去超越甚至改变它们。此时，讨伐怪物便带有了象征性的"弑父"的寓意。

自我，在"弑母""弑父"之后完成和女性的婚姻。

三 "弑亲"话题的寓意

"神的故事"是相当恐怖的,其中有些情节似乎在讲述"弑亲"的必要性。

为防止造成误解,在此有必要说明一点,这里所说的是神的世界的事情,是带有象征性寓意的。不能明确了解这一寓意的人,可能会在现实中真的犯下"弑亲"的罪行。这是因为他们将原本应该在意识层面解决的事情,错误地放在意识的外界进行。

话虽如此,但人的内部世界与外部世界有着超出我们预料的种种联系,因此事情并没那么简单。象征性的"弑亲",在每个人的人生中会呈现出不同的样貌。

例如,曾经有个孩子一直以来都是优等生,孩子自己也很喜欢学校的学习,父母也一直为孩子的好成绩感到自豪。但是这个孩子进入高中后不久,突然变得厌恶上学,而且完全无法去学校了。孩子自身全然不明白为何自己会变成这样,父母也不知该如何应对。

这个案例中的孩子做着令自己的父母亲最感到为难、最厌恶的事情,从这个意义上来考量,可以说这个孩子正试图"弑亲"。而他拒绝去学校,整日待在家里,无法离开父母身边,从这个意义上而言,则又完全相反,孩子紧贴着自己的父母。

这种情况下,孩子自立是非常困难的,这个过程中,他的内心同时被两种情感所纠结,一是下决心,即便"弑亲"也要坚持到底,二是还存在依赖父母,待在父母身边的情感。这就是使他拒绝上学的原因。

我作为心理治疗师给这个高中生做了心理咨询。在这个过程中,他完成了自己象征性的"弑亲",之后内心纠结消散,恢复正常,就上学去了。最后他与父母达成了和解。

孩子在自立的这个过程中，有时会梦到父母亲死去，甚至还有人会梦到自己杀死父母。

到了要象征性地"弑亲"的时期，他们会看到，至今为止完全没有注意到的父母的缺点，或者对父母产生极度厌恶的情绪。但是一方面他们明明认为母亲很讨厌，然而在梦中母亲死去之后，他们又会悲伤不已，趴在母亲尸体上痛哭。有的大学生会感到自己在梦中一下子完成了"弑母"以及与母亲的和解。

这个过程并非都是如此戏剧化的，在顺利成长的情况下，孩子会对自己一直尊重喜爱的母亲，突然从心中产生反抗情绪，只能看到母亲的缺点，然后又因某种契机，感觉"母亲也是人啊"，从而再度恢复与母亲的亲密关系。

但是，恢复之后的关系有时会变得不再像以前那样，母亲不再是至高无上的，而母子之间建立的关系，更接近于两个独立的个体之间的关系。

虽说如此，人类当然无法完全脱离"父权"与"母权"而自立。因而，即便是完成了抽象的"弑父""弑母"，"父权"和"母权"依然会顽固存在并再次发挥作用。

所以，"弑亲"并非一次便可能完成，就此安生，而是要反复经历多次类似的事情，人们才能逐渐获得自立性。

而且，象征性的"弑父""弑母"并非仅限于发生在父母身上，"父权"和"母权"的体现者，如老师、上司或者亲戚中的某人，有时也会成为象征性"弑父""弑母"的对象。

有时由于未能顺利完成这种象征性的"弑亲"，有人便会经常与上司不断发生争执。

这是因为他们无法区别哪些是外在的关系，哪些是内在的亲子关系，于是便会与外人突然亲近，也会突然排斥。

四　结婚的寓意

在寓意自我意识确立的神话中,男女结合成婚具有极为重要的象征性意义。如前所述,因为这件事情意味着一度与世界切断联系完成自立后的自我,再次与这个世界产生新的关联。

我曾在瑞士的荣格研究所学习这些知识,当时,我曾听到一位讲师讲,大意为"日本是唯一一个未曾经历与母权切断联系,便进入发达国家之列的国家"的内容。

听完之后,我感觉颇有道理。当时我曾认为这是完全负面的因素,但现在我改变了看法,觉得不能这么简单地论断。任何事物都有长有短,不能如此单纯地做出判断。

但是,业已迈入发达国家之列却依旧维系着与母权的关系,我们有必要充分认识到日本这个国家的这种特异性。

尽管日本基本上依然保有以上倾向,但同时日本受到欧美的强烈影响,试图确立自我的人在不断增加。因此,前述讨伐怪物乃至成婚这类与自我确立有关的英雄神话,在日本也开始发挥越来越大的作用,以各种各样的形式反映在家庭问题中。

有一位女孩,和父亲的关系很好。她会和父亲一起去旅行,父亲推荐阅读的书她读完后会与父亲交流感想,总之父亲在各个方面都对她有着很大的影响。

然后,这位女孩恋爱了,她带着恋人回家介绍给父亲,但恋人刚好是父亲讨厌的类型。当然,恋人身上也有很多优点,是个有发展前途的青年,但是这位父亲,却想全面否定他。于是在他回去之后,父亲极力反对,对自己的女儿说,那个男人是多么的不足取。

女孩听了父亲的意见,觉得有一定的道理,但是对恋人的感情却挥之不去,她又去和恋人见面。随着和恋人约会,感情日深,想与他结婚的意愿变得越来越强烈。但是另一方面，父亲对恋人的评价也让她觉得有道理。

在这两种情感的纠葛之下，最终这位女孩试图自杀。幸运的是自杀未遂，女孩活了下来，之后父亲带她一起找心理咨询师咨询。

在咨询中，女孩开始了自己的讲述之后，很快便诉说起自己对父亲抱有的深深歉意。父亲如此疼爱自己，自己却偏偏喜欢上他最讨厌的那种类型的男人。

她不断地诉说着对父亲的歉疚，但当心理咨询师问她是否对父亲当面谈及这些时，得到的回答却是否定的。像她这样的孩子，有时会对父母抱有依赖，所以会认为，即便自己沉默不语，父母也总会理解，原谅自己。

打败怪物是需要勇气的。这位女孩选择了父亲所讨厌的那种类型的男子，并打算与他结婚，这可以说是一半有意识的"弑父"了吧。但是若要彻底完成这一有意义的行为，需要极大的勇气。

在这种情况下，勇气意味着女儿要舍弃一直对父亲所抱有的依赖心理，要作为独立的个人，向父亲清楚地表达，至今为止对父亲疼爱自己的感谢之情；同时，对于选择一位父亲不喜欢的人作为结婚对象，需要明确表达对父亲的歉意，并请求他的谅解。

之后，这位女孩明确地向父亲说明了自己的心理，父亲也接受并同意了她结婚。而且在不久之后，父亲与曾经无比讨厌的女婿也改善了关系，事情得以圆满收场。

这是发生在现代日本的一个"弑父"的案例，通过这个例子，可以看到如果不能彻底完成象征性的"弑父"，而是有所懈怠，便会演变为各种形式的悲剧。在这个案例中，倘若女孩自杀成功了，那便将是无法挽回的悲剧。

五　大国主命的婚姻

英雄神话一般由英雄的诞生、讨伐怪物、英雄结婚这样几个情节构成，如前文所述，这几个步骤象征性地寓意着自我确立的过程。

在"讨伐怪物"这个情节中，有时故事形态会有些改变，变成解决各种难题的形式。读过欧洲的民间传说之后，我发现其中很多故事都采用了这一形式。

而且，令我吃惊的是，翻阅日本的民间传说后，我发现其中也有相当多同样类型的故事。例如在《浦岛太郎》的传说中，比较古老的故事类型是浦岛太郎与龙宫的公主（有的版本中将她称为龟姬）结婚了，最后他回到原来生活的世界变成了老人。再如众所周知的《夕鹤》（又名《鹤妻》）的故事，也是以夫妻离别的悲剧告终。

这究竟意味着什么呢？翻阅日本神话，我发现其中存在着典型的英雄故事。

素盏鸣尊被逐出高天原之后去了出云国。然后，在那里他遇到一对老夫妇，足名椎与手名椎，他们正在哭泣，说自己的女儿栉名田比壳[①]将要被八岐大蛇吃掉。于是，素盏鸣尊吩咐两人制作了八个大酒槽，盛满了酒等待大蛇。大蛇喝了酒槽里的酒之后就醉倒入睡了，趁着这个机会，素盏鸣尊将其斩杀，之后他与栉名田比壳结婚了。

这个故事与珀尔修斯的故事极为类似，稍有不同之处在于素盏鸣尊让大蛇饮酒趁它醉酒之际斩杀了它，他没有采用正面交战，而是使用了策略，这一点与珀尔修斯不同。因此，也有观点认为，比

---

① 又名奇稻田姬、稻田姬等。——译注

起真正的英雄来，素盏鸣尊更加接近前文所介绍的恶作剧者。

尽管带有一些恶作剧者的特质，但毋庸置疑，日本也存在着讨伐怪物并完成结婚这类话题的出色的英雄神话。但素盏鸣尊在日本神话中更像是一个隐性的存在。

对此我已做过详细论述（请参考拙著《神话与日本人的心灵》），天照大神尽管也很难称为日本神话的中心，但天照大神的子孙成了天皇一族。考虑到这些，我感觉素盏鸣尊更像是背后的隐性的存在。

日本也有不少值得关注的英雄结婚类型的神话，其中有一个故事值得一提，那便是大国主命的故事，也属于出云国神话系列。

大国主命为自己其他的兄弟所憎恨，他担心自己会被兄弟们杀死便逃了出来，逃到根之坚洲国去投靠素盏鸣尊（在这个故事中素盏鸣尊也发挥了很大作用，这一点也颇有意义）。之后，他见到了素盏鸣尊的女儿须势理比壳①，两人一见钟情。但素盏鸣尊吩咐大国主命去做各种事情，甚至还试图杀害他。

此处，大国主命哪怕命悬一线也要努力完成象征性的"弑父"，对此父亲也毫不示弱，试图"弑子"。

大国主命在须势理比壳的帮助下，经历了一个接一个的苦难，渡过了这个艰难时期。具体情节在此省略不谈了，大家可参阅《古事记》的原文。但这个故事的结尾实在是令人印象深刻。

简而言之，故事的最后，趁着素盏鸣尊睡着时，大国主命与须势理比壳将他的头发系在屋里的椽子上，然后逃了出来，等素盏鸣尊发觉后立刻追赶时，他们已经走远了。但最终素盏鸣尊在黄泉比良坂追上了他们，并对着他们大声喊叫，让他们去统治出

---

① 又名须世理毘壳、须世理姬、加须世理比壳命等。——译注

云国。

怒发冲冠的父亲，在最后时刻原谅并祝福这对年轻男女的一幕，给我留下了深刻的印象。这也可以看作一种"弑父"，但却回避了杀害，而达成戏剧性的和解。

这一幕十分完美，反映了送女儿出嫁的父亲的心情。这是一部出色的作品。憎恶之情与怜爱之情仅为一纸之隔，两种感情同时传达给了读者。

六 "恶"之难题

据前所述，善与恶的问题实在是微妙，且似是而非。关于"恶"，在此我们做一个整体全面的思考。

神会做"恶"吗？这是一个相当复杂的问题。例如，希腊神话中的主神宙斯，尽管他已经有了妻子，却依然与众多女子发生关系，并让她们生下自己的孩子。但这究竟是否可以称为"恶"呢？

设想倘若宙斯没有做下这些，那么恐怕希腊的英雄们就无法出生了。因此若从众神的角度去判断，宙斯的行为应该无法称为"恶"。

埃及神话中主要的神奥西里斯被他的弟弟塞特杀害了，塞特应该可以被称为"恶神"了。然而，在埃及历史上，奥西里斯信仰比较强的时候的确如此，但是在有些时代，塞特信仰会占上风，这时当然便不会有人将塞特称为"恶神"。

在基督教这种一神教中，这一问题就变得简单了，神是唯一至高至善的存在，神会作恶这简直是不可想象的。但是，如此一来，由至高至善的神所创造的世界，为何会存在如此多的恶，这一难题便很难得到令人满意的答案。

总之,"恶"的问题,对人类而言,是极为棘手但又必须处理的课题。原本就连什么是"恶"这个问题都很难解答。

人们常说,杀一人为恶,杀万人为功(例如在战争中)。从本质上来思考,"恶"是非常复杂的难题。那么我们可以通过神话中的讲述来看一下,人们所说的一般意义上的"恶",是如何呈现的。

七　杀人的寓意

神话中充满了杀人的故事。若是认真将神话中"各种神的杀人"收集起来探讨,应该能写成一本书了。

那么为何在神之间会存在如此多的杀戮呢?这是因为神话中的这些行为具有高度的象征性,这一点不仅限于杀人,其他的"恶"也是一样的。

仔细想想,我们在日常生活中经常也使用诸如"封杀对方""割舍……""见死不救"之类的语言表达。在日本,"抹杀自我"而活着的人应该也有很多。

在本章开头部分论述"讨伐怪物"时,已对"弑母""弑父"的象征性含义做过论述。人类在成长过程中,必须要在某个时期实现象征意义上的"弑母""弑父"(其实,在有些国家即便想要"弑父",也很难完成,因为或许父亲不知何时就会离去了)。

因此,对神话中以俄狄浦斯的故事为代表,存在大量"弑父"以及"弑母"的故事,也就可以理解了。这用日常化的表达来说,是在讲述亲子关系的决定性的变化。

关于神话中的杀人,还有一点必须要提到的便是"死体化生型"神话。在此大概介绍一下许多人熟知的印度尼西亚塞兰岛乌厄马勒族的神话。

一位名叫阿麦塔的男子外出狩猎，他按照梦中的预示种下一棵椰子树。三日后椰子树开花了，阿麦塔想把那花砍下来，结果却误伤到自己的手指，手指流出的鲜血滴到椰子花上。

九日后，一个女孩从那朵花上生了出来，阿麦塔将她带回家。又过了三日，女孩迅速长成一位少女，阿麦塔为她取名为海努韦莱[①]。

一个节庆日的夜晚，人们尽情地跳舞，而海努韦莱被人推倒在事先挖好的洞中，最终死去。后来她的身体的各个部位化作了各种薯类，自此，人们开始以这些薯类为主食。

关于那个故事的后续在此不再赘述。故事中杀人的结果是人类得到了新的食物，这种类型的神话在热带地区广泛存在。

这个神话讲述了某种新事物的产生需要伴随着死亡（杀人）。神话非常擅长表现这种生与死的微妙的关联性。

神的世界里充满了悖论。既然死会带来再生，那么神话中的"杀人"也会导向新的创造。

不再相信神话的现代人，无法按照神话中所讲述的故事的走向去发展，对于心灵深处生出的导向新创造的痛苦，有人难以忍受，也有人完全未能留意，这才导致他们在现实世界中引发种种"杀人"的案件吧。

八　奸淫的后果

奸淫是人类所犯的恶行之一。前文曾提出过是否能将宙斯与众

[①] Hainuwele，意为椰子树的树枝，又音译为海努维列、哈伊奴维丽等。"死体化生型食物起源神话"一词，便是取自她的名字。——译注

多女性发生关系称为"恶"的疑问。这里对这个问题暂且不谈，但对宙斯的这种行为，他的正妻赫拉的嫉妒实在相当激烈。这类故事有很多，在此介绍其中的一个。

宙斯爱上了人类女子塞墨勒（Semele），并让她怀上自己的孩子。赫拉得知这件事后极为嫉妒，她想出一个诡计，欺骗塞墨勒，怂恿她要求宙斯使用向赫拉求婚时的形象来找自己。

宙斯无奈之下乘着战车伴着霹雳闪电出现了，塞墨勒被霹雳击中后活活地被烧死。宙斯取出她腹中六个月大的胎儿，将他缝进自己的大腿中孕育，这胎儿便是狄俄倪索斯（Dionysus）。

强烈的嫉妒驱使赫拉利用奸计烧死了塞墨勒。引发这种嫉妒的罪魁祸首，宙斯的行为恐怕难以称为"善"吧。

日本的神话中也存在关于嫉妒的类型。大国主命就像宙斯一样，到各地去探访女子，他的妻子须势理比壳得知他与沼河比壳[①]同床共枕之后，也极为嫉妒。

大国主命无法忍受妻子的嫉妒，便打算离开出云国逃往倭国。然而，大国主命大概是心中仍有留恋之情，他单手扶着马鞍，单足踏着马镫，作了一首歌。歌中深切地吟唱道，自己这般离去之后，须势理比壳你将会悲伤痛哭吧！

听到大国主命所作之歌，须势理比壳也答歌一首，歌中吟唱道：

除汝之外再无男子
除汝之外再无夫君

[①] 又名高志沼河姬、奴奈川姬、奴奈宜波比壳命等。——译注

而且，在歌的最后，还吟唱道：

枕着玉手
伸长腿
安睡吧
受奉丰御酒

之后，两人重新和好如初。

与希腊神话不同的是，这里运用了"歌"这种美的表达，使得嫉妒之情得以平息，恢复了平静。

对于"奸淫"的思考方式所存在的这种文化差异，这一点非常有意思。下面我将介绍一个发生于完全迥异的文脉下的"奸淫"。

这是美国原住民纳瓦霍人的神话。其中"通奸"不断重复发生。根据纳瓦霍人的神话所述，他们的先祖曾从第一个世界到第二个世界，继而迁徙到第三个世界，直至到了第四个世界，人类方才出现。在这个迁徙的期间，"通奸"这一重要的主题反复出现。

保罗·佐尔布罗德（Paul G. Zolbrod）在其著作《美洲印第安神话——纳瓦霍人的创世故事》（金关寿夫、迫村裕子译，大修馆书店出版）①中谈到纳瓦霍人复杂的创世神话，概括言之，在第一个世界中生存着被称为"空气之精的人"，严格说来，他们还不能被称为人类，"他们彼此犯下通奸的罪。很多男性被认定有罪，同时，女性也是同罪"。

他们知道这是坏的行为，试图改正却无法改掉，结果无法在第

---

① ポール・G.ゾルブロッド著，金関寿夫、迫村裕子訳：『アメリカ・インディアンの神話：ナバホの創世神話』，大修館書店，1989年。——译注

一个世界中继续生活下去，便飞上空中去往第二个世界。第二个世界里住着"燕人"。纳瓦霍人的先祖们与燕人商谈后与他们一起住在第二个世界。

"前23天，他们相处得很和睦。但是到了第24天的晚上，新来者中的一人与燕人族酋长的妻子私通了。"

于是酋长大怒，将他们赶走。因此，纳瓦霍人的先祖们又一次飞向天空，去往第三个世界。

抵达第三个世界之后，发现那里住着"黄色蝗人"。在这里往事再次上演，住下之后，到了第24天的晚上，他们中又有人与酋长的妻子私通，于是他们再次被赶了出去。

就这样，他们来到了第四个世界，在那里诞生了真正的"人类"，这些暂且不谈了。我想强调的是，为何他们的神话中会反复讲述"通奸"呢？

若是从纳瓦霍人先祖的迁徙轨迹，即他们从第一个世界经过第二、第三个世界最终抵达第四个世界这个角度来考虑的话，被赶出第二个、第三个世界，可以解释为离开无法安住之地，朝向下一个世界前进。

按照这个思路，可以说"通奸"这种恶甚至成为这个民族迈向下一个世界的推动力。

"恶"中常常存在这类悖论，当然不能因此就认为"通奸"是"善"，但我们应该了解恶所带有的微妙的作用。

这一点与上一节中曾谈到的极为近似，既然杀人会带来再生，那么我们就要承认"恶"中存在的悖论。

对于这个被称为纳瓦霍人的起源的传说或神话的故事，《美洲印第安神话》的作者佐尔布罗德在谈到它的特征时，指出其特征之一便是，"其中既没有暴力，也没有争斗这类过激的场面"。

与其他文化的神话中大量存在暴力甚至杀人（尽管这杀人会导致再生）相比，这的确可称得上是十分显著的特征。但这里对"通奸"的反复讲述，应该也寓意着人类这种存在，在创造的过程中务必会经历某种形式的"恶"。

顺便补充一点，我曾将莎士比亚的《理查德三世》与日本的物语《追寻自身的公主》做比较研究，提出这两部作品都描写了彼此对立的两个家族最终达成和解的过程，但前者的关键词是"杀人"，而后者的关键词是"私通"（参见拙著《物语人生》，小学馆初版，岩波现代文库再版①）。

我认为这与上述神话的寓意有某些类似之处。作为达成目标的推动力，是选择"杀人"还是选择"私通"，或者可以说这只是选择的不同。

九　偷窃与自立

"偷窃"当然是一种"恶"，但是其中也存在着悖论。

希腊神话中提到"偷窃"，首先大家便会联想到赫耳墨斯吧。赫耳墨斯刚出生时，母亲将他裹在襁褓里让他睡觉，但他却从襁褓中溜了出去，将阿波罗饲养的一群牛中偷走了几头。

这里其实有一些很有趣的故事，在此就省略不谈了。后来，他发现了一只龟，将它杀掉之后取了龟壳，又从牛身上取出肠子，固定在龟壳上，做成一架竖琴。

阿波罗经过辛苦的寻找后，发现偷牛的犯人是赫耳墨斯，于是

---

① 河合隼雄：『物語を生きる：今は昔、昔は今』，小学馆，2002年（初版）；岩波现代文库，2016年（再版）。中译本《物语人生：今者昔、昔者今》，王华译，生活·读书·新知三联书店，2021年。——译注

便来责怪他的母亲。但他的母亲将裹在襁褓里的婴儿给阿波罗看，说不可能是赫耳墨斯。然而，阿波罗又去找宙斯控诉，于是宙斯命令赫耳墨斯将牛还给阿波罗。

阿波罗来到赫耳墨斯那里，听到赫耳墨斯正在弹竖琴，于是两人最后决定用竖琴和牛交换。

这个非常早熟的小偷赫耳墨斯，是希腊神话中尤为突出的恶作剧者，所作所为充满矛盾。就连阿波罗在他面前都狼狈不堪。

但赫耳墨斯神话中存在的悖论规模过于宏大，人类很难将其梳理清楚，从中获得启示。

人类可理解范围之内的"偷窃"的悖论，体现在普罗米修斯的故事中。

宙斯不愿将火赐予人类，使得人类苦恼不已，这时普罗米修斯瞒着宙斯，用大茴香的茎秆，从火神赫菲斯托斯的冶炼场偷取了火种，并带到人间。为此宙斯极为震怒，严厉惩罚了普罗米修斯，故事详情在此就省略不谈了。

火是动物中唯有人类会使用的东西。因而，火是文明的起源，人类是如何获得火种的，这是众多神话中都会涉及的一个重要主题。

其中，火是由人从神那里偷出来的，这类可以称为"普罗米修斯类型"的火种神话，在全世界占有一定的比重。

虽然不像"弑父"表现得那么明确，但这类神话也讲述了对"父权"的反抗，会带来某些新事物。"偷窃"自然并非好事，但从象征性的意义上看，这种行为寓意着自立的意向。

在心理咨询的临床案例中，对于做过"偷窃"的患者，有时通过分析他们为什么偷窃，意在了解他们尝试做何种"自立"，这样更能使我们充分理解患者的心理。对于梦到"偷窃"的现象，也可以从这个角度来解读。

另外，试想一下，如果在这个故事中，全知全能的神宙斯对于普罗米修斯的意图了如指掌，只是故意让他欺骗一下，那么这个故事不就更加意味深长了吗？

宙斯预料到人类的自立以及伴随自立的痛苦的必要性，他明知自己会受骗（或者甚至可以说是他谋划了这一切），但他受骗之后又会大发烈怒，他身上带有极大的矛盾性，可能正是因为他具有这种特质，宙斯才能成为"父权"的体现者吧。

若要创造性地利用恶的悖论，包容这种矛盾的"父权"是必要的存在，尝试从这个角度去思考，可能会获得一些有意义的发现。

但这些组合中的要素哪怕稍稍发生偏差，偷盗恐怕就会演变成单纯的恶性事件了。

十　传达"真实"的谎言

说谎也是一种"恶"。摩西十诫中的第一条就是禁忌"杀人""奸淫"和"偷盗"，紧随其后提到的就是禁忌"作伪证"了。

在我儿时经常听到"说谎会被阎罗王拔掉舌头"一类的警告，这对于现在的孩子恐怕已经无效了吧？"说谎是变坏的第一步"，这一类的告诫可能还有效。

但是只要是日本人恐怕都听过另外一句话，即"谎言即方便"，用过这句话的人应该也有不少。

"方便"本是佛教用语，这句话却不是佛说的。相信很多人都切身感受到了谎言的悖谬，对此应该无须特意解释了，在此仅介绍一个令人印象深刻的故事吧！

前文中也曾谈及日本有名的《天之岩洞》的神话。素盏鸣尊在高天原撒野，导致天照大神躲进天之岩洞，闭而不出。这时世界变得一片漆黑，众神困扰不已，他们想尽办法，试图让天照大神从岩洞中出来。这里的详细情节姑且省去不谈了。众所周知，最后天钿女跳起了滑稽的舞蹈，引得众神放声大笑。

岩洞中的天照大神听到之后感觉很不可思议，世界被黑暗笼罩，大家应该很为难，为何众神会如此开怀大笑呢？她询问众神，此时天钿女回答说："因为来了比你更尊贵的神，所以众神很开心。"

在天照大神听到此言深为震惊时，天钿女高举起神镜，天照大神终于忍不住好奇，走出岩洞观看。她刚一出来，众神就在洞口拉起了界绳，让她再也无法回去了。

这里，天钿女所说的"来了比你更尊贵的神"，明显就是"谎言"。故事中虽然没有明写，但天照大神看到镜子中自己的身影，可能认为那就是比自己还尊贵的神，从而感到惊诧罢了。

因为这句谎言，天照大神重新回到了人世间，人世间又恢复了光明。因此，这的确是"谎言即方便"。

但是，若是仅从方便的角度来分析这个故事，我感觉稍稍有点不足。

在岩洞中闭而不出的天照大神，与有了上述体验出来之后的天照大神，已经发生了变化，我想的确如神话中所言，后来的天照大神比起以前变成了更"尊贵"的存在。也就是说，从这个角度看，天钿女并未说谎，而是告知了更深层的真实。

那么，出岩洞之后的天照大神与之前相比究竟发生了何种变化呢？进入天之岩洞之前的天照大神，只是单纯的、光明耀眼的存在。在天界处于最高地位的她，只是单纯地散发着光辉。

此时素盏鸣尊入侵到高天原。他破坏田埂，将粪便撒得到处都是，但即便如此，天照大神都善意地去解释他的行为，并未责备他。然而，在天照大神织布时，素盏鸣尊又将一匹剥了皮的马，穿透屋顶投掷进织坊，此举惊吓到了里面的织娘，导致她被梭子从阴部刺穿而亡。

关于此时的情景，《古事记》中记载道："天照大御神畏惧，开天之岩户，隐蔽其中。"

据此记载，天照大神并非因为愤怒，也并非想逃跑，而是因为"畏惧"才躲进天之岩洞的。也就是说，素盏鸣尊的入侵体验使得天照大神产生了敬畏之情。

光明的存在，被迫体验了恐怖的受苦，而这一点对她而言是很有必要的。

以上是《古事记》中记载的故事，而据《日本书纪》"一书曰"一节的记载，天照大神从岩洞中出来时，神镜稍稍碰到岩洞门有了瑕疵，并记述道："其瑕，今日犹存。"换言之，此处可以解读为神镜生了瑕疵才变得更加尊贵，这与前述天照大神的体验是相符的。

天照大神之前只是单纯光明的存在，作为女性，她其实是欠缺了由天钿女展示的那一面。天钿女将女性的身体以及性的重要性直接展示出来。

天照大神吸收了这样的一面，经历了苦难，并受了伤，才得以变为"更加尊贵的神"。若从这个角度考虑，天钿女的那句谎言已经远远超出了行方便，而是传达了更深刻的真实。

记述事实或许能简单做到，但传达真实却并不容易。将为了传达真实而说的话仅仅称为"谎言"，我感觉过于片面。真实正是在非实非虚中被讲述的。

以上我们将人类社会中称为"恶"的行为，通过神话世界中的呈现做了探讨，可以看到在神的世界中，这些"恶"有时会被当成"药"来使用。由此，世界变得更加丰富、更有深度。

但是"药"一旦用错则会变成"毒"，有时甚至会致命。不自觉地将神的生活方式用到人类自己身上，从而引发的各类案件，多到出乎我们的意料之外。

无人会因为做了善事而到我们心理治疗师这里咨询，可以说几乎所有人都是因为和某种"恶"有关才会来访。通过对照神话中神的生存方式，来探究人类带有微妙悖论的人生，这应该就是我们心理治疗师的作用所在吧！

解　说
重新发现"神话的智慧"

镰田东二

自河合隼雄先生（1928—2007）逝世至明年（2017）即将十年了，这期间，日本每年3万人自杀的现象看似有稍稍放缓的趋势；然而，另一方面，15岁至24岁之间的年轻人自杀率逐年上升，这意味着对很多年轻人而言，当今的时代，我们的国家令他们感觉越来越难以生存。

那么，人们如何才能从这种难以生存的状态中得以解脱呢？当然，造成现代社会难以生存的原因并不单纯。政治经济、教育文化自不待言，家庭关系、朋友关系与亲近的人之间的人际关系等种种要素都变得复杂多样，这些要素互相之间又产生极大的影响。因此，应该从哪里入手，如何使人们感觉难以生存的这根弦得以松弛，并使他们获得生存下去的指南与活力，这都是极为复杂多样、难以厘清的。面对这些复杂性，应从何处入手获得解决问题的线索，这也让我们感到困惑。

在现代，"精神的丰富与心灵的智慧变得愈加重要"，正当大家都感觉困惑的时候，本书的作者告诉我们"学习生存的智慧，'神话'是很好的素材"。他说"学习生存智慧"的最高深的教材，这便是"神话",因为"神话讲述了人类存在最根源的东西"。

但是,解读神话并非易事。"解读'故事'需要全人类的合力参与"。解读神话必须要有丰富且柔韧的想象力,而且"神话的解读因人而异"。对神话的理解与阐释都不是单一化的。例如,从作者的专业领域而言,弗洛伊德与荣格对神话的解读是大相径庭的。本书对弗洛伊德十分著名的理论"俄狄浦斯情结"做了着重的介绍,这是来源于对希腊神话的弗洛伊德式的解读。但另一方面,提出"阿阇世情结"的日本学者古泽平作,则选用不同的神话,做出了完全不同的解读。当然,从炼金术以及诺斯替教入手提出"原型"论的荣格的解读,又是一种全然不同的方式。

虽然存在多样化的解读,但"神话能够赋予人类的高深智慧,是不可估量的",这一点毋庸置疑。我自10岁开始阅读《古事记》和希腊神话,那之后的五十五年以来,我一直将神话奉为座右之书,于我而言,神话赋予我的启示是极其深远且有益的。

我一直认为神话、仪式和圣地构成了宗教的三要素。神话讲述了世界的起源与人类的来历。我们存在于这个世界(宇宙)中,因何而来?如何而来?来自何处,又将去往何方?神话为我们解答了这些疑惑。神话对世界以及人类做了故事性的解读与表达。

而仪式则基于神话并与神话联动,它是一种身体的技法与表达,用以实现人与神以及灵等超然存在的接触,从而带给我们在这个世界上生存的活力以及精神疗愈。圣地则是讲述神话这类神圣故事,以及实施仪式的神圣的场所与空间。同时也是神佛显灵、现身的场所,是通往超然世界的孔、通道、回路以及出入口。这类成为通往神圣次元通道的场所便是圣地。

宗教与神话拥有着共通的三要素,可以说宗教是"以与神圣事物的关系为基础的一种异常(超越)技术体系"。它告知我们,世界起源的创世神话,讲述着宇宙和人类以及文明的起源,而人类则通过给万物命名,对它们做故事性的解释,以此来确认人类在这个世界中的位置与地位。所谓神话,便是这种故事性的自我确认与自我维护的行为。

正如作者所言,本书是"聚焦于对人类心灵的理解来解读神话的入门书",它通俗易懂而又充满对人们的启示。

所谓从神话中学习,并非只是一味埋头解读神话,还有必要将神话故事与自我分析以及对现代人心理的洞察巧妙地结合。作者指出,现代人"普遍内心抱有不安的根本原因,在于与他者联系的缺失"。我们会"突然发现自己很孤独,与他者、他物都毫无关联"。

对因缺失与他者的联系而陷入孤独的我们而言,高尚的理念以及理想很难直接发挥作用,也很难为我们提供智慧。作为临床心理咨询师,作者深深地体会到,"出乎我们意料的是,在支撑每个人的各种要素中,世界和平以及人类幸福这类美好的宏伟愿景,其实很无力"。然后作者提出,正因为如此,人们有必要"找到自己的树"。作者为我们提供了一个心理咨询的临床案例,他的一位患者"有一天在树林中散步时,通过直觉找到了那棵'自己的树'。自那以后,每天他都会去看一次那棵树,由此感觉自己的整个人生都豁然开朗了"。不属于任何人而只属于自己的那棵"我的树",对于"我"是十分必要的。这种个别的、微小的故事支撑着"我"。而且作者指出,这种"成为某个人精神支撑的故事,往往具备不可思议的普遍性"。

正如作者所指出的,很多现代人都患上了"关系缺失病"。在当今社会中,"科学智慧与神话智慧"(中村雄二郎《哲学的现在》岩波新书)完全没有达成平衡,而是处于基本被"科学智慧"占据的状态。作者指出"'科学智慧'有力地摧毁了'神话智慧',从而造成越来越多的现代日本人为'关系缺失病'所苦",并且随着"神话智慧"的消失,使得这个世间的"圣地"也逐渐消失。

在这个人类心灵陷入危机的时代,作者提到"瑞士的深层心理学家卡尔·古斯塔夫·荣格感到这是人类对自身的质疑,人类在问自己:'你是依靠什么神话活着的?你的神话是什么?'"我想应该铭记这一疑问的普遍性与深度。对于一直学习神话与宗教学的我而言,作者所提出的"心理治疗师要依靠什么来开展工作呢?应该是存在于每个人的无意识之中的'神话生成机制'",这一点令我深感认同。同时,作者还通过"奥姆真理教①"的例子明确地指出'神话智慧'所潜藏的危险性。心理治疗师应该对这种危险性有清楚的认识",这是非常严肃而重要的指摘。一旦沉入象征性思考的大海,人们就会看不到梦与现实之间纤细微妙的连接点与回路,会认为这便是全部,无法启动分割、分析以及批判性考察的"科学智慧",这是一个很大的问题。总而言之,平衡,走上"二河白道"②中间的那条道是非常重要的。

关于"神话智慧",作者提到:"例如,出现在现代日本人梦中的重要主题,有时甚至能在古代凯尔特人的传说中找到,这其实并不奇怪。"像梦与原型,在集体无意识的世界中,这类象征性思考的大海是完全相连的。正因为如此,"了解自古以来'神的故事'并非为了猎奇,而是为了可以从中发现在现代仍能发挥作用的智慧"。因为比起任何事物,"神的形象更适合用来表达人类的内在体验"。而将"人类的内在体验"用故事表现出来,就是神话。

---

① 是一个鼓吹世界末日论的日本新兴宗教团体。被日本认定为邪教。被联合国认定为恐怖组织。——译注
② 佛教术语,是一种信仰心的譬喻。典出净土宗善导所著《观无量寿佛经疏》,疏中说:"谓道心之艰危。以水、火二河喻众生之贪、嗔,以中间之白道喻清净愿往生之心。道心之危,如人行狭道中,一边深水,一边大火,二边俱死。"——译注

我们必须重新处理好与神话的关系。为此,"我们背负着一个课题,即再度复活于21世纪一度被人们抛弃的神话"。关于与神话的相处方式,作者介绍了美国著名神话学家约瑟夫·坎贝尔的观点。坎贝尔说:"每个人都有必要发现与自己生活相关的某种神话性的模态。"人类集体拥有共同神话的时代已经结束了,必须通过各人的责任和努力,找到自己生活方式中的"神话性模态"。

书中还列举出与神话相处的几个具体例子。指出圣经旧约中所记载的天地创始神话,可以从各种不同的观点来解读。"如果把由于光的出现而产生的光与暗的区分,视为人类意识的起初,那么它是由'神的话语'引发的,而且使用的是人类能够理解的语言。按照这个思路,在'意识'产生的过程中'语言'便极为重要,像圣经这样如此清晰地展示出这种重要性的神话别无其他"。如果把光与暗的区分视为人类意识的出现,那么由此便可看出,用语言来给现象命名加以区分这种行为的意义与力量。之后作者还将圣经旧约的故事与日本神话以及纳瓦霍人的神话做了比较。除了介绍"天地创造"型神话之外,还介绍了"天地分离"型的神话。

关于"智慧"的作用,作者提到"人类是一种好奇的动物","由于'知道'对人类而言是个悖论,因此很多神话中都会讲述'知道'的危险性"。

就像敬畏危险境地一样,作者谨慎小心地进入神话的森林,在眺望过森林的整体,获得森林的地图之后,一边将其纳入脑中,一边考察其中每一棵树的特征与意义。

如在基督教中,原罪这种"罪"的意识十分重要,但在这一意识之前,其实已然先讲述了"羞耻"这种情感。并且是为"自然"状态感到羞耻,自此刻起,人类便开始了反自然的行为,同时付出了原罪的代价;"'火'包含着各种寓意,其中之一便是'意识'。

有了它,在黑暗中也可辨物,换言之,它与'知道'相关。因此,在神话中'火'具有极其重要的意义"。在希腊神话中,神拒绝将火赋予人类,英雄普罗米修斯违背神的意旨,强行将火盗到人间,但他也为此背负了巨大的苦难;与这些相比,"在日本,神牺牲自己将火赋予人类,就像伟大的母亲想将一切都给予自己的孩子。在此,若将'火'作为意识的象征,即与'知道'密切相关的事物来看的话,圣经、北欧神话以及希腊神话都讲述了因'知道'所带来的苦恼。而在日本,这种苦恼则是由神来背负的,人类只是轻松地接受了而已。这种故事类型恐怕是日本神话独有的吧。这应该可以说是与日本人'依赖心理'的根源密切相关"。

另外,书中还提到圣经旧约中的创世神话传入日本,被秘密基督徒翻译成他们的神话《天地始之事》之后,"'原罪'消失了"。不同的地域以及不同的国家,神话也会发生各种各样的变形、变奏,产生出不同的版本。例如,强烈的女神信仰与母神信仰,在提到日本神话的特色时经常会被列举出来。书中提到,"将太阳表述为女神,这在全世界都是非常罕见的。据我所知,只有在美洲土著因纽特人、切罗基人以及犹他人等部族的神话中存在。由此也能看出,日本神话中将太阳视为女神这一点,意义极其重大。但是,日本的太阳女神天照大神并非超越了母亲—女儿这一循环,而是她原本就是'父亲的女儿'。详细情节在此不再赘述,简而言之,天照大神是由其父伊奘诺尊的左眼中生出的。她是不知母为何人的女性,因而天照大神的形象并非单纯显示女性的优越性,而是建立在女性与男性保持平衡的基础上的"。作者还对日本神话"不刻意明确区分"的智慧,做了注脚。

此外,河合隼雄在日本神话论中非常著名的"中空构造论"以及素盏鸣尊的恶作剧者角色论,在本书中也得到淋漓尽致的诠释。

所谓恶作剧者,"自文明之初便是一种特殊的形象。他们的身上带有一种特别而持久的力量,对人类而言,他们是一种带有罕见魅力的人物"。"恶作剧者既是创造者同时又是破坏者,既是赠予者又是反对者,既欺骗他人,同时自己也会上当受骗"。作者关注到"恶作剧者的自由性与两面性",并指出"青春期便是恶作剧者的时期",将其与人生周期巧妙地联系起来,由此揭示出我们意想不到的"人生的启示"与人生观。随后,作者又对象征性世界中的"弑父""弑母"以及"讨伐怪物"的意义与机能进行了解谜。此外,他还通过解读与恶和罪(原罪)有关的神话,指出这些神话所给予我们的根源性的启示。

作者说:"我认为尤其重要的是人类与动物的关系。"对此,很多现代人认为"人类与其他动物不同,人类是高等的,而动物是低等的,两者迥然不同"。但是,"神话讲述的却是截然不同的内容。在神话里,有时动物拥有高深的智慧,甚至会超过人类。而人类正是通过向动物学习才会获得新的知识,才能逃离危险,这类故事大量存在于神话中"。"在现代我们更加需要动物之神","人类为了生存,必须夺取其他生物的生命。对于这一点,应该如何阐释是非常重要的问题。原始时代的神话为我们提供了相当巧妙的回答"。"人类可以杀害并食用动物,但我们不能忘记其中的感恩与敬畏,要避免滥杀与无谓的杀生"。

作者洞察到很多神话都揭示了基于对动物以及自然的深深"感谢与敬畏之情"的生态智慧(以对自然深刻恭谨的畏惧、敬畏之情为基础,通过在生活中敏锐的观察与经验提炼出的,自然与人工可持续创造的平衡维系系统的智慧与方法),以及这种生态智慧的现代意义及未来的可能性。神话严厉地发出警示,人们不要抱持只有人类是特殊的、人类可以做任何事,而且能做好任何事的自负与傲慢、狂妄的心态。神话在漫长的人类发展历史中产生并得以传承，其中讲述的禁忌、冒犯及破局的意义，值得细细品味，为此我们必须更加深入、更加切实地进入"神话智慧"以及"神话心理学"。虽非佛典的"如是我闻"，但河合隼雄先生仙逝十年之际本书得以问世，仿若让我耳边响起"如是我闻"之语。

（宗教哲学学者、上智大学悲痛关爱研究所特聘教授）

"物语与日本人的心灵"系列
刊行寄语

    岩波现代文库最早发行的河合隼雄著作集为"心理疗法"系列,其中包括《荣格心理学入门》《荣格心理学与佛教》等著作。这些著作是河合隼雄作为心理治疗学者的专业著作,选择它们作为首发无疑是非常恰当的。其后出版的"儿童与梦想"系列,与"儿童"这一河合隼雄的重要工作领域以及荣格心理学的重要概念"梦想"有关。但是,在心理疗法的研究与实践中,河合隼雄所发展出的自己独特思想的根本乃是"物语"。因此,本系列收录了他关于"物语"的重要论著:《民间传说与日本人的心灵》与《神话与日本人的心灵》。

    在心理治疗中,治疗师通常会倾听咨询者讲述的故事。而河合隼雄对物语的重视远不止于此,这是因为他在心理治疗中最关注的便是个人内心的realization倾向。之所以特地使用英语realization这个词,是因为它包含了"实现"与"领悟、觉察"这两方面的意思。物语中含有故事的发展脉络,只有物语才能体现"在理解中实现"这一事实,由此可见物语的重要性非同一般。河合隼雄晚年与小川洋子有过一次对谈,其对谈题目为《活着,就是创作自己的物语》,这个题目便生动地揭示了物语的本质。

物语对于河合隼雄的人生具有重要意义。河合隼雄从小在美丽的大自然中长大,但这并不妨碍他沉迷于书的海洋,尤其是物语的世界。有意思的是,他虽然喜欢物语,却不擅长文学。在其少年至青年时代,他一味埋头于西方的物语,而"物语与日本人的心灵"这个系列所探讨的则主要是日本的物语。"二战"结束后,他将梦境分析等方式运用于心理治疗的实践,并对自身做心理分析。这一工作促使他不得不重新审视曾一度十分厌恶的日本物语与神话。后来,在日本从事心理治疗的过程中,他不断地认识到,日本物语作为存在于日本人内心深层的、最古老的文化传统因素,其地位何等重要。于是,多部关于物语的著作应运而生。

本系列中的《民间传说与日本人的心灵》,是河合隼雄在专业领域的里程碑式著作。此前,他的工作重点是致力于将西方的荣格心理学介绍到日本,1982年此书出版,标志着他独具特色的心理学体系问世。该书通过民间故事来分析日本人的心灵,荣获大佛次郎奖,确立了河合隼雄在心理学领域内外不可动摇的学术地位。

与此著作并列的《神话与日本人的心灵》,是以他为取得荣格派心理分析学者资格,于1965年用英语写作的论文为基础,经过近四十年的打磨,又增加了"中空构造论"与"水蛭子论",于2003年时值75岁时写就。从这个意义上看,这部著作堪称河合隼雄的集大成之作。

随着对物语的关注,河合隼雄认识到中世时期,尤其是中世时期的物语对分析日本人的心灵意义重大,并开始将其纳入研究视野。《物语人生:今者昔、昔者今》这本书就包含了《源氏物语与日本人:紫曼荼罗》以及对《宇津保物语》《落洼物语》等中世物语的研究。

与之相对应,《民间传说与现代》《神话的心理学》两部著作则聚焦于物语的现代性。被列入"心理疗法"系列的著作《生与死的接点》,其第二章论述了"民间传说与现代"的主题,但因篇幅所限,有些内容被割舍。《民间传说与现代》一书即以此内容为中心,主要探讨了"片子"(半人半鬼的小孩)物语,河合隼雄认为"片子"的故事承接了前述被流放的水蛭子神的主题。故事展开的部分可以说是本书的压卷章节。而《神话的心理学》原载于《思考者》(『考える人』)杂志,连载时的题目原名为《诸神处方笺》,如题所示,它试图通过神话的解读,来理解人的心灵。

本系列几乎囊括了河合隼雄关于物语的全部重要著作,未能收入的重要作品还有《易性:男与女》(新潮选书)、《解读日本人的心灵:梦、神话、物语的深层》(岩波现代全书)、《童话故事的智慧》(朝日新闻出版),若有需要,敬请参照阅读。

值此系列出版之际,谨向给予大力配合的出版发行机构小学馆、讲谈社、大和书房等,以及出版事务负责人猪俣久子女士、古屋信吾先生表示衷心感谢!同时,对百忙之中拨冗为各卷撰写解说的每一位作者,以及担任企划、校对的岩波书店中西泽子女士、原主编佐藤司先生表示深深的谢意!

2016 年 4 月吉日

河合俊雄